传承与发展

大学生思想政治教育新论

主　编　于淑秀　蔡文姝　林　媛

中国纺织出版社

内容提要

本书立足于大学生思想政治教育的理论与实践的具体研究，结合时代发展的新趋势、新潮流，对大学生思想政治教育的传承与发展新论进行了详细的阐述。并对当前环境下大学生思想政治教育的基本理论、理念、原则、方法、内容整合，校园文化，队伍建设，网络思想政治教育，以及相关机制的构建进行了细致的研究。

图书在版编目(CIP)数据

传承与发展 ：大学生思想政治教育新论 / 于淑秀，蔡文姝，林媛主编. -- 北京 ：中国纺织出版社，2017.3（2025.5重印）

ISBN 978-7-5180-1937-3

Ⅰ. ①传… Ⅱ. ①于… ②蔡… ③林… Ⅲ. ①大学生－思想政治教育－研究－中国 Ⅳ. ①G641

中国版本图书馆 CIP 数据核字(2015)第 209340 号

责任编辑：汤　浩　　　　责任印制：储志伟

中国纺织出版社出版发行

地址：北京市朝阳区百子湾东里 A407 号楼　邮政编码：100124

销售电话：010－67004422　传真：010－87155801

http://www.c-textilep.com

E-mail:faxing@e-textilep.com

中国纺织出版社天猫旗舰店

官方微博 http://www.weibo.com/2119887771

河北晔盛亚印刷有限公司印刷　　各地新华书店经销

2017 年 3 月第 1 版　2025 年 5 月第 7 次印刷

开本：710×1000　1/16　印张：15.75

字数：204 千字　定价：98.00 元

前　言

大学生作为祖国的未来、社会的希望，其思想政治素质的好坏将直接影响我国人才资源的质量，影响我国能否全面建成小康社会，影响我国社会主义现代化宏伟目标能否顺利推进，影响我国特色社会主义事业能否兴旺发达、后继有人，影响美丽中国梦是否能够实现。

近年来，我国社会经济成分、组织形式、就业方式、利益关系和分配方式不断发生变化，大学生的政治信仰、理想信念、价值取向也在受着极大考验。传统的大学生思想政治教育在新形势下，难以满足大学生和高校思想品德教育进一步发展的需要。新的社会背景给大学生思想政治教育工作带来了新的问题，多元化的社会文化思潮对大学生思想观念和价值信仰造成了一定的冲击。当代大学生中开始出现了价值真空、价值错位、价值虚无等现象，一些大学生不同程度上存在着政治信仰迷茫、理想信念模糊、价值取向扭曲、诚信意识淡薄、社会责任感缺乏、艰苦奋斗精神淡化、团结协作观念较差、心理素质欠佳等问题。基于此类问题，特撰写了《传承与发展：大学生思想政治教育新论》一书，其目的就是为了积极探索大学生思想政治教育的新途径、新方法，开创大学生思想政治教育的新局面，为建设中国特色社会主义提供雄厚的人才储备和不竭的精神动力。

全书共九章，第一章为大学生思想政治教育基本理论，主要阐述了大学生思想政治教育的概述、历史地位、作用和时代要求等内容；第二章为大学生思想政治教育的历史传承，主要对中国传统社会优秀思想政治教育理论的继承，马克思主义基本指导理论的继承，交叉学科理论和西方国家教育理论的借鉴等方面进行了详细的分析;第三、第四章重点研究了大学生思想政治教育的理念、原则、方法的发展与创新,以及其内容的整合等内容;第五～第八章主要阐述了大学生思想政治理论课教学的改革与发展,高校校园文化的建设与发展,大学生党团组织的建设与推进,以及网络环境下大学生思想政治教育的发展等内容;第九章为大学生思想政治教育机制的建设与发展,重点研究了大学生思想政治教育队伍机制和评价机制的建设与发展。

本书在撰写过程中参考、引用了许多专家、学者的研究成果,在此表示衷心的感谢!由于水平有限,书中定有疏漏与不足之处,敬请专家、学者和读者批评指正。

编　者

2015 年 7 月

目　　录

第一章 大学生思想政治教育基本理论

“当今世界正处在大发展、大变革、大调整时期，和平、发展、合作的时代潮流更加强劲。世界多极化、经济全球化深入发展，多边主义和国际关系民主化深入人心，开放合作、互利共赢成为国际社会广泛共识，国与国相互依存更加紧密。”[①]基于当前的国际和时代特征与要求，我国必须“适应国家经济社会对外开放的要求，培养大批具有国际视野、通晓国际规则、能够参与国际事务和国际竞争的国际化人才”。[②] 大学生思想政治教育是高校人才培养中的重要一环，在新时期必须对大学生思想政治教育进行研究，以推动大学生思想政治教育的发展和有效性的提高。

第一节 大学生思想政治教育概述

大学生思想政治教育是人才培养首要的、根本的任务。当前大学生的思想政治状况如何，关系到党的事业的兴衰成败，关系到中国特色社会主义事业的兴旺发达。

---

① 胡锦涛. 同舟共济共创未来——在第 64 届联大一般性辩论时的讲话[N]. 人民日报，2009-9-25.

② 顾明远，石中英. 国家中长期教育改革和发展规划纲要（2010—2020 年）解读[M]. 北京：北京师范大学出版社，2010，第 360 页.

一、大学生思想政治教育的内涵

马克思主义认为,思想政治教育活动自古就有,是与阶级社会共同存在的。在思想政治教育的形成历史中,马克思、恩格斯把思想政治教育定义为:明确要求党的每一个成员都要“具有革命毅力并努力进行宣传工作”,列宁则把这个概念发展成为“政治工作”和“政治教育工作”。中国共产党在革命战争时期主要使用“政治工作”这一概念,而在新中国成立以后,这一概念先被刘少奇发展成为“思想政治工作”,又被毛泽东发展为“思想政治教育”。在党的十一届三中全会之后,“思想政治工作”或“思想政治教育”取代“政治思想工作”这一概念。思想政治教育这一概念正式形成。

思想政治教育是一种教育实践活动。思想政治教育活动通常在两个层次上展开,一个是学校教育,按照党的要求,有组织、有目的、有计划地培养受教育者的思想品德;一个是社会教育,指社会上一切影响受教育者的思想品德活动。总结这两个层次的思想政治教育活动,可以发现,其共同特征都在于影响受教育者的思想观念。因此,概括说来,思想政治教育是指社会或社会群体用一定的思想观念、政治观点、道德规范对其成员施加有组织、有目的、有计划的影响,使他们形成符合一定社会、一定阶级所需要的思想品德的社会实践活动。思想政治教育具有三个基本特点:一是阶级性,这是因为思想政治教育一般由统治阶级来决定的,在任何一个国家,统治阶级的人们都希望通过一种特定的教育方式来影响其他阶级人们的行为、思想和观点。通过这种教育方式的开展来培养更多的人才使得他们的政治观念、思想行为与统治阶级的一致。通过思想政治教育的发展,统治阶段的政权可以得到更好的巩固。二是实践性,思想政治教育活动是与社会实践紧密联系的。仅谈思想政治教育的理论,是不会有任何进展的。在实践中实现受教育者对理论的再认识,进而来调整和修正自己的行为以符合社会的基本要求,思想政治教育活动才能真正取得实效。三是时代性，思想政治教育目标、任务、内容和方法都会随着时代的变化而相应地变化。思想政治教育只有紧跟时代的发展，才能发挥其作用。

大学生思想政治教育的内涵反映大学生思想政治教育这一教育实践活动的本质属性。这一本质属性具有相对稳定性，但也随着大学生思想政治教育社会环境的变化、任务、目标的变化而不断发展。前者体现为大学生思想政治教育内涵的继承性，后者体现为大学生思想政治教育内涵的创新性。

在实践中，大学生思想政治教育主要是思想政治教育工作者利用一定的思想观念、政治观点、道德规范，对大学生施加有目的、有计划、有组织的影响，使他们形成符合中国特色社会主义所需要的思想品德的教育实践活动。因此，大学生思想政治教育的基本内涵是指最能反映这一教育实践活动本质属性的主要内容。从前文对思想政治教育概念的分析来看，大学生思想政治教育的本质属性应为政治性与科学性的有机统一。政治性是大学生思想政治教育工作的阶级属性。科学性是大学生思想政治教育工作的客观实践属性。

因此，要完整准确地认识大学生思想政治教育的本质，就必须坚持大学生思想政治教育工作政治性与科学性在理论与实践上的有机统一。在这一问题上，目前存在着两种不良倾向：一种倾向是强调大学生思想政治教育的政治性，而偏离大学生思想政治教育的科学性，从而使大学生思想政治教育变得空洞与说教，表现为泛政治化，就形势而追踪形势，就热点而炒作热点，缺乏系统的科学理论支撑，这也是思想政治理论课教学中的不良现象。这种倾向在一定程度上使大学生思想政治教育的效果一击就垮。另一种倾向是强调大学生思想政治教育的科学性，否定大学生思想政治教育的政治性，从而使大学生思想政治教育工作变得盲目。例如，在实践中，一些高校的“法律基础”课上成“法学概论”课。大学生思想政治教育丧失政治性，就意味着主动放弃意识形态领域的主导权，后果将是不击自垮。因此，深化对大学生思想政治教育工作本质属性的认识，是当前提高大学生思想政治教育有效性、进行大学生思想政治教育创新的当务之急。

二、大学生思想政治教育的特征

(一)理论性与实践性相结合

在理论性上,大学生思想政治教育有自己特定的概念和范畴,有其自身的逻辑结构和严密论证,并通过系统地阐述关于大学生思想政治教育工作的基本问题和基本方面而形成自己独特的完整的理论体系。尽管这个任务不可能一蹴而就,但随着实践的发展、研究的深入,科学意义上的大学生思想政治教育工作严密、完整、系统的理论体系是完全能够建立起来的。

在实践性上,大学生思想政治教育的范畴属于实践性很强的应用社会科学。实践是认识发展的动力。大学生思想政治教育工作实践的发展,不断地提出新情况、新问题,推动人们研究新情况,回答新问题,进行新的探索,充实大学生思想政治教育工作科学的新内容,使它的科学体系不断完善;实践是认识的目的。大学生思想政治教育工作来源于大学生教育的实践,又服务于大学生教育的实践。在大学生思想政治教育工作实践基础上产生的这门科学,又反过来指导大学生思想政治教育工作的实践;实践是检验认识真理性的标准。大学生思想政治教育取得多大的成效,只能以大学生思想政治教育工作的实践取得的客观效果作为依据。如果人们在它的指导下,从大学生思想政治教育工作的实践活动取得成效,那就证明了它的科学性。

(二)针对性与广泛性相结合

在针对性上,大学生思想政治教育工作就是针对大学生中存在的思想道德问题而对其进行教育。大学生思想政治教育工作者要及时掌握学生的思想动态,及时发现学生深层次的思想问题,从而有的放矢、有针对性地开展工作。每个学生个体都是不同的，每个学生都有自己的思维模式，教育者要针对学生的需要开展工作。大学四年，每一阶段学生的心理是不一样的。大一时，我们主要针对新生的适应性问题，来对其进行教育与帮助；大二时，主要是引导学生树立专业意识，学会学习；大三时，针对学生的恋爱、考研等一系列问题，对其进行引导；大四时，主要针对学生的就业问题（就业问题在大一、大二时就要对学生进行指导），对其提出可行的建议。

在广泛性上，大学生思想政治教育工作的对象范围很广泛，每个大学生的顺利成长都离不开党的教育，离不开道德素质教育工作；大学生思想政治教育工作贯穿于学校教育的各个方面、各个环节和全过程；大学生思想政治教育工作的效果影响全面而深远，而且影响着社会主义和共产主义事业能否成功；同时，大学生思想政治教育工作的参加人员也很广泛，不仅有专职的教育工作人员，并且全体教职员工都要去做这项工作，大学生也要自己教育自己，更要调动全社会的力量来做大学生道德素质教育工作，这充分显示了大学生思想政治教育工作的广泛性。

（三）民族性和民主性相结合

在民族性上，民族是具有相同文化背景的人们在共同语言、共同地域、共同经济生活方面上的共同心理素质的稳定的共同体。民族是一种自然的历史存在，是人类社会性存在的一种形式。中华民族历史悠久，在几千年的历史发展中形成了稳定的民族情感和丰富的民族文化，这种优秀的传统文化就成为了道德素质教育的重要内容。胡锦涛指出："要以爱国主义教育为重点，深入进行民族精神教育，引导大学生增强民族自尊心、自信心、自豪感，做到以热爱祖国、贡献全部力量建设社会主义祖国为最大光荣，以损害社会主义祖国利益、尊严和荣誉为最大耻辱。"[①]中华民

① 胡锦涛.在全国加强和改进大学生思想政治教育工作会议上的讲话[N].人民日报，2005-01-17.

族精神博大精深、源远流长,是中华民族生命力、凝聚力、创造力的不竭源泉,是大学生思想政治教育的重要组成部分。特别是在当前商品经济的大环境下,在全球化的时代背景下,各种外来文化进入我国,大学生受到了其影响,各种好莱坞大片、洋快餐占据了青年一代的生活,大学生思想政治教育要用民族性的文化来教育青年大学生,培养其爱国情怀。

在民主性上,建立社会主义民主政治是社会主义民主发展的目的,社会主义民主政治是人民自我教育的手段。由此,决定了大学生思想政治教育工作的民主性特点。

(四)连续性与全方位性相结合

这里的连续性与全方位性是指时间上的连续性、空间上的全方位性。对大学生进行思想政治教育不仅仅是在课堂教学上,而且还渗透在课外活动中、社会实践中。可以说,思想政治教育覆盖了个体生活、学习、工作的全部时间。思想政治教育工作不受空间限制,从教室到寝室,校内到校外,均是思想政治教育的场所。在学生上课的时间以外,形式多样的课外活动、社会实践等,并且学生与父母、朋友在相处的过程中,思想政治教育都是存在着的,并且是联系存在的,所以说,对大学生来说,思想政治教育工作无时无处不在。

(五)疏导性和综合性相结合

在疏导性上,对大学生进行思想政治教育工作的目的之一就是要提高大学生思想觉悟和认识能力。对大学生的认识问题,不能用强制的、压服的方法去解决,只能采取讨论的方法、批评的方法、说服的方法,也就是疏导的方法才能解决。这就要求大学生思想政治教育工作要坚持说服教育,疏通引导,循循善诱,动之以情、晓之以理的疏导方法,把以理服人同以情感人两者结合起来,以科学真理解决学生思想问题和实际问题,以满腔的热情和关心感化学生的思想感情,促使其思想认识的良性转化。

在综合性上，思想政治教育涉及多方面的教育领域。思想政治教育的对象是人，思想政治教育对人的教育、塑造体现在思想、价值、情感、道德等多个方面。大学生处于青少年时期，有着学业、工作、爱情、人际交往各方面的压力，大学生思想政治教育工作正是针对这些方面，对大学生进行教育培养。大学生思想政治教育要以马克思主义理论为指导，对大学生进行理论教育。马克思主义是对社会发展和人的发展进行综合性研究的理论成果，其研究领域覆盖政治、经济、文化、社会和人的思维等多个层面；同时要运用哲学、政治学、教育学、社会学、历史学和伦理学等多方面、多学科的教育内容，对大学生进行思想政治教育。

三、大学生思想政治教育的目标

2004 年 8 月中共中央、国务院《关于进一步加强和改进大学生思想政治教育的意见》指出，大学生思想政治教育“以理想信念教育为核心，以爱国主义教育为重点，以思想道德建设为基础，以大学生全面发展为目标，解放思想、实事求是、与时俱进，坚持以人为本，贴近实际、贴近生活、贴近学生，努力提高思想政治教育的针对性、实效性和吸引力、感染力，培养德智体美全面发展的社会主义合格建设者和可靠接班人”。社会主义事业的建设者和接班人是对社会主义劳动者的统一要求，即在社会主义建设中是合格的建设者，在社会主义革命事业中是可靠的接班人。具体而言，主要体现在以下几方面。

（一）德智体美全面发展者

德智体美全面发展是大学生思想政治教育的目标内涵的体现，即是通过对大学生进行德育、智育、体育、美育教育，达到大学生德智体美诸方面的全面发展。

德即品德，是大学生全面发展诸方面的主要组成部分，是指教育者按照一定社会的要求，有目的、有计划、有步骤地对大学生施加思想、政治和道德等方面的影响，大学生通过积极的认知与践行，从而形成一定社会所需的品德。良好的品德能确保大学生沿着社会所期望的方向发展，不仅是大学生智、体、美方面发展的保证，也是推动大学生智、体、美方面发展的动力和能源。

智即才智、智力，是大学生全面发展的重要的基本组成部分，是指教育者有目的、有计划、有组织地向大学生传授的系统的文化科学知识和技能。智是大学生从事社会主义建设的实际本领，是能否成为对国家有用的人才的重要基础。要使大学生具有高尚的情操、崇高的理想、健康的审美情趣、科学的卫生保健知识，必须依靠知识技能的准备和智力的支持。

体即身体，是大学生全面发展的基本组成部分，体育是指教育者向大学生传授有关的基本知识、技术和技能，以身体练习为基本手段，发展身体，增强体质。身体是大学生全面发展的生理前提，是智力活动和其他一切活动的基础。大学生的身体素质具有先天遗传性和个体差异性，健康的体魄是大学生全面发展的基础和保障，是大学生为人民服务的基本条件，是中华民族旺盛生命力的体现。

美即审美观，是大学生全面发展中不可缺少的组成部分，是指教育者通过各种艺术以及自然界和社会生活中的美好事物进行审美教育，使大学生具有正确的审美观以及认识美、鉴赏美和创造美的能力，具有高尚的情操和文明的素养。

（二）社会主义的合格建设者

大学生思想政治教育的目标要求之一是把大学生培养成为社会主义合格建设者。作为社会主义的合格建设者，大学生既是德智体美全面发展者，同时，在创新活动和社会责任方面也有更高的要求，具体体现为：

第一，勇于创新。勇于创新是社会主义合格建设者的重要内在素质要求。创新是知识经济时代内涵的集中体现，是一个民族进步的灵魂，是一个国家兴旺发达的不竭动力。一个没有创新能力的民族，难以屹立于世界先进民族之林，创新对于提升一个国家的综合国力有着至关重要的作用。现时代，人类社会已步入一个科技创新不断涌现的重要时期，谁在知识和科技创新方面占据优势，谁就能在发展上赢得主动。创新的关键是人才，大学是对创新型人才培养的主要载体，大学生是祖国的未来和民族的希望，无疑是创新人才的中坚力量。创新能力的强弱关系到社会主义事业的兴衰成败，同时也是大学生自身事业取得成功的必备基础和条件之一。作为社会主义事业的未来建设者，勇于创新无疑是大学生成为社会主义合格建设者的培养目标要求。

第二，强烈的社会责任感。社会责任感是社会主义合格建设者应该具备的基本品质。社会责任是一个社会的人应该对社会承担的使命、职责、义务，反映的是个体与社会的关系，其价值取向是社会的整体利益。社会责任感是一种道德情感，是一个人对国家、集体以及他人所承担的道德责任。社会是相互联系的人们的总体，尽管社会不可能脱离个人而存在，但是纯粹抽象独立的个人是不存在的。人是各种社会关系的总和，社会是人的社会，人是社会的人。每个人都生活在社会当中，任何人脱离了社会就不可能生存和发展，更不可能成就任何事业。因而，个人一定要有对社会负责，对其他人负责的责任感，而不仅仅是为自己的欲望而生活。大学生是社会的骨干力量，他们将逐渐进入国家和社会的重要岗位，社会责任是历史赋予大学生的重任，社会责任感则是历史发展的要求。如果大学生只掌握了一定的专业理论知识和技巧，不能以国家和人民为怀，不具备完善社会、造福国家和人民的责任心，行事从自身利益出发，缺乏为国家和民族贡献的精神，这种大学生即使专业非常优秀，也不能成为社会主义事业的合格建设者。

（三）社会主义的可靠接班人

大学生思想政治教育的目标不仅是把大学生培养成为社会主义的合格建设者，对大学生中的先进分子和骨干力量，在政治立场和理想信念方面会提出更高要求，使之能成长为社会主义的可靠接班人。

第一，要有坚定的马克思主义立场、观点和方法。立场是自身认识和处理问题的立足点、出发点、归宿点。立场决定观点和方法，决定态度感情。大学生需自觉树立马克思主义立场、观点和方法，这是他们成长为社会主义可靠接班人的灵魂。马克思主义是科学的世界观，在批判地吸收前人优秀思想成果、总结人类历史经验特别是工人阶级革命实践经验的基础上创立的科学理论。马克思主义揭示了人类社会的发展规律，是关于自然、人类社会和思维规律的科学认识，既有高度的理论性，又有严格的科学性，是立党立国的根本指导思想，是社会主义核心价值体系的灵魂。

第二，崇高的理想信念。理想是与奋斗目标相联系的有实现可能的信念，建立在现实可能性基础上的对美好未来的向往与追求。理想作为精神支柱，对人生和社会起着不可替代的作用。崇高的理想可以帮助人们在人生的舞台上选择适合时代的角色，从而实现人生价值。大学生是未来社会主义现代化建设的主力军，是未来建设中国特色社会主义的中坚力量，在他们身上寄托着全面建设小康社会、实现中华民族伟大复兴的历史重任，大学生的理想追求关系着国家和民族的前途命运。因而，大学生不能没有理想，引导大学生树立崇高的理想信念并为之而努力奋斗成为大学生思想政治教育目标的重要内涵。

四、大学不同阶段的思想政治教育的任务

以四年制本科教育为对象，整个大学生活大致分为三个阶段。根据各阶段的不同特点，大学生思想政治教育的内容与任务也要相应变化。

（一）大学适应阶段

大学适应阶段一般在大学一年级。从中学到大学，是学生人

生道路上重要的转型时期。中学到大学，时空上虽然是连续的，但却有质的变化。学生的社会地位和生活方式都发生了很大改变，人生追求也从单一转为多元，而且大学里更需要的是大学生的自主管理。这些变化必然带来一系列的适应性问题和深层次的思想问题。因此做好大学适应阶段的思想政治教育工作是非常重要的，它直接影响到学生大学四年的健康成长。

这一阶段学生思想政治教育主要是要注重大、中学德育的连续性，要在全面了解学生中学时的思想状况的基础上对本阶段的大学生施行有效的思想政治教育。可以采用激励手段，开展广泛的心理咨询活动，让学生初入大学的新鲜感、自豪感变为持久的学习动力。具体说来，应抓好以下几方面的教育：大学生的历史责任感和时代使命感的教育；行为规范准则的养成教育；专业教育；集体主义教育；国防教育；学校管理中的各种思想教育。

（二）大学稳定阶段

这一阶段一般指大学二、三年级。大学生经过一年学习、生活后基本适应了大学环境，班级集体已经建立，对专业也有了一定的了解，开始进行生活的深层思考，并着手设计人生。因此，大学二、三年级是大学生人生观形成的关键时期，同时也是学习紧张、思想活跃的时期。这一阶段的大学生由于各方面的综合影响，开始出现人生走向上的差异。一部分学生把对人生的追求自觉升华为共产主义的崇高信仰，决心为共产主义奋斗终生；一部分只求专业上的拔尖，对政治不闻不问；还有部分学生觉得自由支配时间过多，感到寂寞、空虚，开始谈恋爱，对“小世界”乐此不疲。

这阶段的思想政治教育主要是抓好学生世界观和人生观教育工作。深化学生的集体主义观念，树立正确的恋爱观，引导他们进入业务学习的主轨道，让学生掌握扎实的专业基础。还应积极组织学生学习党章、邓小平中国特色社会主义理论和马列著作。每学期注意安排学生参加社会实践活动。对积极要求入党的学生，经党组织认真考察后，符合条件的应及时发展他们入党。

（三）毕业准备阶段

这一阶段主要指大学四年级。经过三年大学学习、生活后，学生学完了基础课和专业课，掌握了本专业的知识，基本完成了大学学业。思想、心理发展也趋于成熟，能较理智地对待各种问题，有了一定的分析问题和解决问题的能力。学生的政治思想觉悟和道德水准也有较大提高，学习比较自觉，言行比较慎重，考虑问题比较实际。择业、生活、恋爱、婚姻、家庭等都成为学生思考的现实问题。

这一阶段要加强学生职业道德的教育，培养学生强烈的社会责任感和事业心，使学生对工作以后的各种可能发生的情况有足够的思想准备。尤其要帮助学生认清理想与现实之间的落差，培养他们知难而上、勇于开拓、锐意进取的精神和强烈的竞争意识。教育学生懂得各种社会公德，学会正确处理各种人际关系，教育学生正确处理国家、集体与个人三者之间的关系，正确择业，在祖国的改革开放事业中贡献自己的青春才华。

在以上各阶段的教育中，教育内容可以有所侧重。但马列主义理论教育、党的基本路线教育、邓小平建设有中国特色社会主义理论和实践教育、思想品德教育、人生观教育，应当贯穿于学生思想发展全过程，并注意系统性、连续性和可操作性，使之循序渐进，逐步深化。

第二节　大学生思想政治教育的战略地位和作用

《中共中央、国务院关于进一步加强和改进大学生思想政治教育的意见》（以下简称《意见》）开篇就明确提出“加强和改进大学生思想政治教育是一项重大而紧迫的战略任务"①。中共中央、国务院之所以将大学生思想政治教育提到如此高的战略地位，既与大学生在党和国家发展中的特殊地位有关，又与大学生思想政治教育面临的新形势有关。

一、大学生思想政治教育的战略地位

（一）大学生思想政治教育是科教兴国、人才强国的战略需要

所谓科教兴国，就是在科学技术是第一生产力的理论基础上，坚持教育为本，把科技和教育摆在经济、社会发展的重要位置，增强国家的科技实力及向现实生产力转化的能力，提高全民族的科技文化素质，把经济建设转移到依靠科技进步和提高劳动者素质的轨道上来，加速实现国家的繁荣昌盛。所谓人才强国，其核心是人才兴国，依靠人才兴邦，大力提升国家核心竞争力和综合国力。

科教兴国和人才强国战略的实施，是关系到民族未来和国家发展的基础性工程，对加快社会主义现代化建设，不断把中国特色社会主义事业推向前进，具有极其重要的意义。而无论是科教兴国战略还是人才强国战略，都强调人才的作用，都要求尊重知识、尊重人才。

全面实施科教兴国和人才强国战略，都强调教育的基础地位，都要求将教育摆在首位。科技的进步靠人才，人才的培养则靠教育。无论是培养高素质的人才，还是提高整个民族和国家的创新能力，教育都发挥着不可替代的作用，教育也是中国作为发展中国家，追赶发达国家，实现经济社会的跨越式发展的基础性事业。

而实施科教兴国和人才强国战略，无论是重视人才，还是强

① 教育部社会科学司.普通高等学校思想政治理论课文献选编(1949—2006)[C].北京：中国人民大学出版社，2007，第202页.

调教育,加强大学生思想政治教育就成为题中应有之义。科技的发展需要高素质的人才,其中最为根本的一条是思想政治素质;我们培养的人才是德智体美全面发展的人才,思想道德素质是重要的方面。同样,教育事业,既包括知识和技能的培养,也包括思想政治素养的提高;教育作为一项系统工程,既包括科学文化知识教育,也包括思想政治教育。从这个意义上来说,加强大学生思想政治教育就是实施科教兴国和人才强国战略的重要内容。

(二)大学生思想政治教育是社会主义制度的内在需要

思想政治教育作为一项意识形态实践,普遍存在于阶级社会的一切国家和一切历史发展阶段,无论在名称和称谓上有何区别,作为一项社会活动它都是客观存在的。区别在于其他的统治阶级出于愚弄民众、维护统治的需要,对此大都不敢承认或者不会公开声明,就像马克思所说的那样:“每一个企图代替旧统治阶级的地位的新阶级,为了达到,自己的目的就不得不把自己的利益说成是社会全体成员的共同利益,抽象地讲,就是赋予自己的思想以普遍性的形式,把它们描绘成唯一合理的、有普遍意义的思想。”①即使在他们上升为统治阶级以后仍然如此。而无产阶级则不然,他们作为未来社会的代表,在进一步的斗争中除了锁链什么也不会失去,他们只有在解放全人类的同时自身才能够得到解放,作为其先锋队的共产党同样如此,他们除了解放全人类没有任何自身特殊的利益,因而也并不害怕会失去什么,所以他们并不讳言自己的鲜明阶级性,并不讳言思想政治教育,相反,由于思想政治教育在推动无产阶级革命运动和社会主义建设过程中的重要作用而大力加强并明确声明。

在中国的革命、建设和改革开放事业中必须时刻注意社会主义意识形态的教育。事实上,中国共产党也正是按照这种要求来

---

① 马克思恩格斯选集(第1卷)[C].北京:人民出版社,1995,第100页.

实践的，在马克思主义中国化的历史进程中，中国共产党一直注意加强思想政治教育，从未放松。毛泽东在总结我们党领导的中国革命斗争实践历史经验的基础上深刻指出，“掌握思想教育，是团结全党进行伟大政治斗争的中心环节。如果这个任务不解决，党的一切政治任务是不能完成的”①。邓小平反复强调要把思想政治工作放在重要地位上，并在先后总结十年“文化大革命”和资产阶级自由化的教训后，深刻指出，既不能把主要精力放在搞大规模的政治运动上，又要坚持两手抓两手都要硬，排除对社会主义建设的一切干扰。江泽民则在世纪之交，面临综合国力竞争日益激烈的局面，要求“思想政治教育，在各级各类学校都要摆在重要地位，任何时候都不能放松和削弱”②。

而 2004 年中共中央、国务院发出《关于进一步加强和改进大学生思想政治教育的意见》以及后来进行的一系列工作，其中一个十分重要的背景是科学发展观思想的提出，进一步回答了什么是发展、为什么发展和怎样发展的重大问题，赋予马克思主义关于发展的理论以新的时代内涵和实践要求，马克思主义中国化出现最新成果，中国特色社会主义理论体系内容获得了丰富和发展。加强和改进大学生思想政治教育，开展中国特色社会主义理论体系的教育，使大学生正确认识社会发展规律，认识国家的前途命运，认识自己的社会责任，坚定走中国特色社会主义道路的信心。

二、大学生思想政治教育的作用

（一）大学生思想政治教育为高校工作提供理论指导

大学生思想政治教育为高校各项工作提供方向指导，具体包含以下三个方面。

---

① 毛泽东选集（第 3 卷）[C]. 北京：人民出版社，1991，第 1094 页.

② 江泽民文选（第 2 卷）[C]. 北京：人民出版社，2006，第 332 页.

第一,提供奋斗目标导向。思想政治教育工作通过帮助人们形成正确的奋斗目标来激发动力、促进发展。正确的奋斗目标只有被各民族大学生所认识、所理解、所掌握、所接受,才能成为引领人民前进、推动历史发展的强大物质力量。我们党的最终奋斗目标是实现共产主义,现阶段的奋斗目标是全面建设小康社会、构建社会主义和谐社会。思想政治教育工作的奋斗目标导向,是把党的最终奋斗目标和现阶段奋斗目标转化为各民族大学生现实的奋斗目标和精神动力,促进经济社会发展,实现人的全面而自由的发展。

第二,提供价值认同导向。价值,一般是指客体对主体需要的满足或客体对主体所具有的意义。这里所说的价值,是指大学生思想政治教育工作的内容作用于大学生所产生的作用与意义。价值导向的主要依据和主要内容是社会意识形态。而作为在一个社会中占统治地位的意识形态来说,它的内容是多方面的。如政治意识形态、道德意识形态、法律意识形态等等。在今天,大学生思想政治教育工作的价值认同导向的主要内容是社会主义核心价值体系。通过在大学生思想政治教育工作中融入社会主义核心价值体系教育,教育和引导大学生坚定中国特色社会主义的理想信念,坚定他们对马克思主义的信仰、对社会主义制度的信心、对党和政府的信任。

第三,提供行为规范导向。思想政治教育工作的行为规范导向,主要包括道德规范导向和法纪规范导向。道德规范导向是思想政治教育工作通过道德的规范作用,以社会舆论、内心信念和传统习惯为调节方式所进行的行为导向。法纪规范导向是思想政治教育工作通过法律、法规的教育和执行,以监督检查、强化管理方式进行的行为导向。思想政治教育工作的行为规范导向,就是坚持依法治国和以德治国相结合的基本治国方略,坚持将法制教育与思想政治教育相结合,贯彻落实《公民道德建设实施纲要》,深入开展以“八荣八耻”为主要内容的社会主义荣辱观教育,不断提高各民族大学生的法律素质和思想道德素质,引导他们明辨是非、善恶、美丑的界限，树立正确的世界观、人生观和价值观。

（二）大学生思想政治教育为大学生全面发展、健康成才指明方向

培养人才是高校责无旁贷的任务，也是教育的立身之本。大学生思想政治教育最终要落实到学生的成长与成才上。这是高校办学的宗旨，也是大学生思想政治教育的根本目标。随着全球化的飞速发展，社会对高等教育要培养高素质的人才的呼声日益高涨，要求高校培养的大学毕业生要有良好的知识结构与创新能力。在知识经济的今天，大学培养学生的目标也逐步走向知识的经济化和市场化，这在一定程度上加快了高等教育的大众化，满足了社会对高等教育的需求，与此同时也极大地忽视了对“大学培养什么人”的反思。面对大学生在成长发展过程中的复杂状况和全面发展的时代要求，培养大学生成长成才和全面发展，把大学生思想政治教育与大学生的素质教育、全面发展需求相结合，与学生成长成才相结合，为大学生健康成长成才树立起精神旗帜。大学生思想政治教育是科学的理论，对大学生个人科学价值观的形成起到精神支撑和精神动力的作用，因而，也对其成长、成才的价值引领作用显得更加突出和重要。大学生思想政治教育的导向作用可以使人的活动沿着一定的方向逐步达到预定目标或目的。人的实践活动是有意识、有目的的自觉行为，也就是说，人的实践活动都是有确定方向的。这个确定的方向所体现的主要就是人的价值追求。影响人的实践活动方向的因素虽然有许多，但最主要的是价值观念的导向作用。大学生思想政治教育可以帮助大学生树立正确的价值观，能够使他们明确人生追求，胸怀远大理想，坚定走中国特色社会主义道路的信念，自觉担当起历史的重任。就可以激发他们强烈的情感和意志，产生出巨大动力，以极大的热情、坚强的意志，超越自身的局限，充分发掘自身的能力，努力克服各种困难和挫折，力争实践的成功和理想的实现。因此，高校在培养大学生全面发展，健康成才的过程中，应充分发挥大学生思想政治教育的凝聚、导向、激励功能的重大作用，

努力培养大学生正确的价值观念、人生的价值取向和成才的价值导向,教育培养青年学生在全面发展、健康成才的历程中努力成为理想远大、信念坚定,品德高尚、意志顽强,视野开阔、知识丰富,开拓进取、艰苦创业的新一代,努力成为社会主义事业的合格建设者和可靠接班人。

第三节 加强大学生思想政治教育的时代要求

加强大学生思想政治教育,推进大学生思想政治教育发展,必须紧密结合当今时代的变化,敏锐地把握当前开展大学生思想政治教育工作时代背景的新特点,使大学生思想政治教育紧跟时代的新变化。

一、全球化要求加强大学生思想政治教育

全球化是指世界各个部分之间的相互联系与依赖日益密切、相互渗透与融合不断加强和全球一致性的因素不断增长这一现象、过程和发展趋势。[①]

(一)全球化的特点

第一,经济全球化。从本质上看,经济全球化是指以市场经济为基础,以先进科技和生产力为手段,以民族国家为主体,以最大利润和经济效益为目标,是个要素相互融合的过程。从现象上看,经济全球化是指世界经济活动超越国界,通过对外贸易、资本流动、技术转移、提供服务等而形成的各国经济在全球范围的相互依赖性增强。经济全球化是现代经济、科技高速发展的必然产

---

① 俞可平.全球化:西方化还是中国化[M].北京:社会科学出版社,2002,第64-65页.

物，也是不以人们意志为转移的客观趋势。对世界而言，经济全球化已不是一种选择问题，而是一种现实问题；是如何实现平等、公正、互惠、共赢、共存、共同繁荣的问题。对中国而言，加入WTO后，我们更要正视经济全球化这一现实，主动利用经济全球化带来的巨大机遇。尤其要看到，经济全球化呈现出新特点，对大学生思想行为变化带来双重影响，既要因势利导，又要避免带来的消极影响。

第二，政治多极化。多极化是当今世界发展的又一必然趋势。经济全球化可以促进政治多极化的发展。多极化是经济全球化时代各国相互依存及发展的多样性的必然要求。随着第二次世界大战后世界局势的稳定，世界上许多国家在信息科技革命中获得迅猛发展，在经济上有了同美国抗衡的资本。欧盟、日本、中国等经济实力不断增强，俄罗斯开始恢复国力。在国际政治舞台上，这些国家和地区成为不可忽视、举足轻重的一极，推动着世界政治格局朝着多极方向发展，也在一定程度上维护了世界的和平与发展。由于各国发展的非均衡性，对每一个国家来说，参与全球化在给自己带来竞争威胁的同时，也给自己带来合作的机遇。最终各国都将接受多极化的现实。

第三，文化多样化。进入21世纪后，人类文化交往的空间将更进一步扩大，速度也将空前加快，文化交往全球化将成为人类历史的必然趋势。在全球化时代，尊重各民族的文化权利，加强不同文化之间的相互尊重、相互理解、相互学习，求同存异，形成一种世界范围内的文化多样性格局，正成为当今世界各国人民的共同心声。文化的多样性也带来了文化间的冲突与整合。西方文明以工业革命以来的资本扩张为手段，一直处于世界文明中的强势地位。西方文化在现代的表现特征更是以资本为手段，以市场化和商业化的运作方式，携带西方的意识形态因子席卷了全世界。在这种情况下，经济上处于优势地位的西方国家的道德文化对经济上处于劣势地位的中国等发展中国家的道德文化构成了威胁，并影响了这些国家人民尤其是青年学生的文化传统、思想意识、道德观念、价值观、习惯心理和生活方式。在经济全球化的背景下,社会正在向多极化发展,环境的开放性与网络信息时代的来临,这些都催生了文化的多元化发展。总之,文化多样化是经济全球化、社会信息化、体制市场化带来的必然结果。

第四,科技信息化。现代社会科学技术获得了迅猛的发展,其重要标志之一是现代信息科学技术特别是互联网技术的发展。社会信息化是通过现代信息技术和网络设施把社会最基础的资源——信息资源充分应用到社会各个领域的过程。

(二)全球化给大学生思想政治教育带来的影响

1. 新机遇

第一,突出了大学生思想政治教育的重要地位。当今世界,伴随着经济全球化和社会信息化浪潮的兴起,世界范围内综合国力的竞争更加激烈,而人才的竞争在综合国力的竞争中又居于主导地位。在人力资源的开发过程中,我们又要处理好科学文化素质和思想道德素质两者的关系。知识经济和信息技术的发展必然会更加凸显出社会道德及人的情感等精神因素构建的重要性。经济一体化的发展和知识经济的勃兴,在世界范围内综合国力竞争日益激烈的条件下,塑造一大批德才兼备,具有高度社会责任感、爱国主义精神和创新精神的高科技人才显得更加迫切和更加重要。因此,必须从科教兴国的战略高度,从人的素质全面发展的高度,来认识思想政治教育在培养新时期具有国际视野、思想道德素质过硬的高素质人才中的重要作用,切实加强大学生思想政治教育。

第二,为大学生思想政治教育的平台和载体创新提供新形式。以网络技术为核心的现代信息技术的迅速普及,不仅推动了全球化,而且给大学生思想政治教育提供了新的载体。网络作为大众媒介,与传统的报纸、广播、电视相比,显示了自己的许多特点和优势,主要有以下五个表现:一是传播方式的交互性:在网络上，传播者和受众可以通过各种软件和方式及时沟通，使信息的反馈得以及时实现，从而在全新的意义上实现了受众对信息传播过程的参与。二是信息传播的高效性：在现代信息化条件下，信息能随时更新，甚至实时传播。三是传播空间全球化：目前，网络已经延伸到了全球200多个国家和地区，在任何角落进入网络，在瞬间就可以传遍整个世界。通过网络，家长可随时与学校保持联系，做到家校结合，共同做好学生的思想政治教育。四是传播手段多媒体化：网络作为一种新的传播方式，同时具备文字、图像、视频、音频等人类现有的一切传播手段。网络可以发挥多媒体技术手段的优势，使传播效果最优化。五是开辟了大学生思想政治教育的新阵地。学生利用网络来了解国内外、校内外发生的事件，日益成为大学生思想政治教育的新阵地。

第三，开拓了大学生思想政治教育的视野。经济全球化、社会信息化的发展使大学生思想政治教育的时空得到了拓展，客观上要求我们具备一种宏大、开放的国际视野，来重新审视大学生思想政治教育的理论和实践。经济全球化唤醒了他们的国际意识、竞争意识和进取意识。伴随着经济全球化的发展进程，西方国家的一些势力既想从中国获利，以便长期保持自己的经济优势，延缓中国上升为世界强国的步伐，这些现象都强烈地影响着大学生的思想，这也为新时期加强对大学生的国际意识教育和爱国主义教育提供了很好的契机。

第四，增加了大学生思想政治教育资源和内容。全球化中信息技术的发展使得思想政治教育者也获得了更加便利地调用各种教育资源的条件，大学生面临着一个开放的信息世界，他们可以在丰富多彩的信息世界尽情地漫游。思想政治教育者还可以在网络互动，更为准确地把握教育对象的心理状态、思想动向等。教育者对这些资源的掌握与开发越多，大学生思想政治教育就越有针对性，越富有成效。在新形势下，大学生思想政治教育要求具有开放性和国际性，其被赋予了更多的时代内容。与此同时，关注人的社会生存环境、生活质量以及人类的尊严、道德完善和全面发展问题，尊重人类的共同规范，保护生态环境，维护世界和平，促进人类发展，也是大学生思想政治教育需要解决的新课题。在社会信息化条件下，培养大学生的信息素养，增强大学生的信息意识和信息观念，也成为当前社会信息化条件下大学生思想政治教育的新内容。在文化多样化的条件下，要进一步加强和改进以马克思主义为指导的主流文化的教育，而且要在大学生的通识教育中，将中华民族传统文化中和世界其他国家和民族文化结合起来。在社会主义市场经济条件下，要将市场意识、竞争意识、效率意识、平等意识、民主意识、规则意识等这些适应市场经济发展的观念和素质纳入大学生思想政治教育的内容体系中，增强其时代感和现实性。

2. 新挑战

全球化是一把“双刃剑”，在推动我国大学生思想教育领域变革的同时，也给大学生思想政治教育工作的进一步开展带来了严峻的挑战。主要表现在以下几个方面：

第一，经济全球化给大学生思想政治教育工作带来的挑战。从客观现实的层面看，经济全球化以美国等西方发达国家为主导，成为它们极力向全球强制推行西方国家的意识形态及其制定的国际经济法则的过程；从主观意图的层面看，西方发达国家借助全球化、倚仗其科技与经济实力进行“西化”“分化”中国的图谋。在经济全球化背景下，西方的意识形态渗透获得了新的表现形式，手法不断翻新，而且越来越隐蔽，越来越具有欺骗性。从我国的高等教育来看，高校不仅面临着西方发达国家先进的科学技术和现代化教育水平的挑战，而且也面临着西方文化意识形态渗透的挑战。因此，在经济全球化进程中，大学生思想政治教育者要承担起引导、帮助大学生增强对各种西方社会思潮辨析、甄别和抵御的能力面临挑战的重任。

第二，文化多样化给大学生思想政治教育工作带来的挑战。一是对价值观念的挑战。我国改革开放的实践使人们的思想观念、价值观念日益多样化。一方面市场经济的发展导致了社会流动性的增强和社会阶层的分化，产生了不同的利益群体，这些不同的利益群体都有各自不同的价值观念。大学生接受着来自这些不同利益群体的不同价值观念的影响，必然会导致价值取向上的矛盾、迷茫甚至混乱，增加价值选择的难度。另一方面大众传媒的发展又为这些不同的价值观念提供了表达的载体和渠道。在大众文化领域，各种五花八门的亚文化，以电视、网络为载体粉墨登场，难免鱼龙混杂、泥沙俱下，而大学生又缺乏对这些亚文化的鉴别能力，逐渐疏离甚至背离了社会中积极、正面、健康向上的价值观。如何帮助大学生学会在不同价值观中进行鉴别、选择，这是文化多样化给大学生思想政治教育提出的又一个挑战。二是对我国主流文化主导地位的挑战。经济全球化浪潮的不断高涨，加上信息化的发展，必然带来国际范围内不同思想文化更加激烈的碰撞。在任何文化的交流、碰撞中，总是高势位文化掌握着交流的主控权。这种文化交流的一般规律决定了现实文化交流的不平等性。在当前世界范围内文化大交会的态势下，我国也客观地处于文化交流的劣势地位。在文化激荡的条件下，如果不警惕这一点，帮助大学生树立起中华民族的文化自信，用社会主义核心价值体系构筑起一道坚固的文化防线，文化多样化就必然带来主流文化边缘化。综上所述，文化多样化对大学生价值观念和我国主流文化的主导地位均构成了挑战。

第三，科技信息化给大学生思想政治教育工作带来的挑战。信息化的进程，是人们获取信息的手段愈益先进、信源愈益广泛、信道愈益多样的进程。信息传播愈益多元多样，教育对象接触不同倾向思想意识的机会越来越多，其信息摄取行为也愈益个体化、隐蔽化。当前，各种信息媒体特别是网络空前普及，那种思维活跃、目光敏锐、善于独立思考、富有创新精神的大学生网民，已经远远超过了思想政治教育者。这无疑大大影响了思想政治教育者的话语权和主导权。网络是一把“双刃剑”。由于互联网本身的隐匿性及相关制度规范、教育引导措施的滞后，出现了很多大学生网络行为失范和心理健康问题。网络信息管理的乏力意味着网络行为得不到有效制约,助长和纵容了某些大学生网民自我意识的膨胀和道德责任心的淡化,导致了网络行为的失范。近年来,一些大学生利用网络进行各种违法犯罪活动,更加令人担忧的是,由于沉迷网络造成的网络依赖综合征,已成为威胁大学生心理健康的重要心理障碍。所以,我们要对网络加大监管力度,做好大学生网络引导功能。

二、我国当前的社会转型要求加强大学生思想政治教育

(一)社会转型对当前人们的影响

社会主义市场经济体制的确立与完善,使得中国整个经济和社会发生了历史性的变革,经济成分多样化发展,经济基础的状况及变化必然深刻影响着人们的思想观念,社会思想呈现多元化现象,拜金主义、享乐主义和极端个人主义思潮冲击着人们的头脑,国家利益、集体利益的观念开始淡薄;与多样化的经济成分相适应,城乡经济组织形式随着经济的发展、改革的深入,逐渐向多样化形态转化,各类经济组织如雨后春笋,与此同时各类高校社团组织也大量出现;随着我国经济体制的巨大嬗变,人们的就业方式也多样化,工作岗位不再是一次定终身。这种就业岗位的多变性、不可预测性和就业方式的多样性,使人们的商业意识、竞争意识、择业意识增强;生产要素进入分配领域使分配方式和经济利益呈现多样化,社会竞争更加激烈,人们更加注重个人利益的实现,对于个人利益、个人愿望的诉求越来越显示出公开性,经济利益多样化是社会主义初级阶段多种经济成分、多种社会组织形式、多种就业方式和多种分配方式并存的必然反应,成为人们思想认识、价值观念和思维方式深刻变化的基础;经济的发展变化、人们生活水平的提高、信息网络的发展及国外思潮与生活方式的涌入,使我国人民的消费意识、生活观念、交往方式、生活方式发生了巨大变化,使社会关系、人际关系复杂化。

（二）社会转型给大学生思想政治教育工作带来的影响

改革开放以来，随着社会主义市场经济体制的建立和完善，市场经济的发展，社会的转型给大学生的思想发展和大学生思想政治教育提出了一些新的挑战。

第一，意识形态的多元化。随着社会主义市场经济体制的进一步确立和完善，国内社会的政治、经济领域发生了广泛而深刻的变革。当前，各种社会思潮应时而生，正确与错误相互交织，积极与消极相互激荡。我国意识形态领域呈现出多元格局：既有占统治地位的马克思主义，也有各种非马克思主义思想意识，还有反马克思主义的错误思想；既有社会主义的主流思想，也有资本主义的腐朽观念，还有封建主义的思想残余。帮助大学生树立正确的价值观，是现阶段我国思想政治教育要解决的重要问题。

第二，对大学生思想上的消极影响。社会转型过程中市场经济发展所暴露出来的一些弊端，对大学生的思想发展产生了消极影响。市场经济自身的弱点诱发的自由主义、拜金主义、享乐主义、利己主义不同程度地存在，国外资产阶级腐朽思想文化乘虚而入，这就为大学生思想政治教育带来了一系列新问题。市场经济自身的自发性、趋利性、盲目性，也诱发了一部分大学生的投机心理、功利主义倾向。在行为方式上，一小部分大学生也出现了诚信缺失、恶性竞争等现象。这些新的动向，也需要加以重视并进行正确引导。

第三，给传统的思想政治教育模式带来了挑战。传统的思想政治教育运行方式主要是与计划经济相适应的行政主导方式，这就使思想政治教育带有十分浓厚的行政色彩和等级观念。这种思想政治教育的运行方式适应了当时特殊的经济体制和社会组织形式的需要，也取得了一定的成效。但随着市场经济体制的建立，这种僵化而单一的思想政治教育运行方式已经无法满足社会发展的需要了。市场经济作为一种全新的经济运行方式，对思想政治教育运行模式提出了新的要求。思想政治教育的领导体制和运行机制必须进行改革。必须建立一套与市场经济体制相适应的大学生思想政治教育运行机制,整合社会各方面的教育力量和资源,形成思想政治教育的社会合力。

三、高等教育改革及大学生价值观危机要求加强大学生思想政治教育

(一)我国高等教育的改革发展对大学生思想政治教育的影响

高等教育的改革与发展,为大学生健康成长创造了更好的环境,提供了更强大的动力。但改革也给大学生的学习与生活带来了难以预料的负面影响,主要表现在以下几个方面:

第一,经济因素在教育中的重要性日益突出。高校经费筹集体制改革后,高校的筹资渠道日渐多元化,高校由“象牙塔”变成一个开放性的区域性共同体,社会风气、社会潮流极易反映到校园文化中。高等教育是一种准公共产品,在投资—受益关系模式的牵引下,社会上对子女的教育投资成为众多家庭的消费价值观,平等付费的教育投资原则却漠视社会的贫富分化现实,因此,相对较为昂贵的上学费用成为许多弱势家庭的主要经济负担,加剧了贫富差距,学生缴费上大学且学习费用逐渐增加,学生生活压力加大,导致物质利益的诱惑力增加。为谁而学和如何学习的问题摆到了学生面前,怎样帮助学生认识和解决这些问题,成了大学生思想政治教育工作必须考虑的重要问题。

第二,学生群体的异质性增加,学生的交流范围扩大、交流内容复杂化。大学生活在学生求学过程中蕴涵着丰富的心理体验,随着在教育社会化过程中自身的素质拓展,大学生的学习与生活在外界因素和内部因素的影响中发生了很大的变化。高校的生活并非是单纯优雅的吸取知识、凝练文化的过程,作为社区生活共同体,随着学生群体的扩大,高校也要受到社会多元文化的影响,通常成为社会时尚生活的策源地。随着人际交往的范围和内

容的延伸，在学习之外，大学生的身份被赋予了更多的物质内涵。伴随着学校内部管理体制的改革，许多高校后勤管理逐渐走向社会化和市场化，大学生食宿等生活社区的设施逐渐开始区分等级，这从某种意义上把社会贫富分化的事实在高校明朗化，它加深了学生基于生活质量差异所产生的心理感受。大学校园文化和交往价值观的多元化，使得大学很难再用基于学习成功型的单一身份来定义大学生群体。这给大学生思想政治教育工作提出了更高的要求。

总体说来，我国高等教育改革从体制改革和结构调整到规模发展，正在步入深化教学改革、提高教学质量的时期，实现体制、规模、质量和内涵的全面发展。高等教育改革要以科学发展观为指导，提高质量，实现规模、质量、结构、效益的协同发展，这对大学生思想政治教育提出了新要求。另外，随着改革的深入，经济社会发展中的一些矛盾会在局部进一步凸显甚至激化，大学生的思想问题和实际问题会明显增多，会遇到各种难以预料的困难和风险，因而大学生思想政治教育工作的任务将会更加繁重。

（二）大学生价值观危机要求加强大学生思想政治教育

大学生思想政治教育的必要性是由当代大学生的价值观表现决定的，当前大学生的价值观发展主流是好的，但是其存在的一些混乱现象需要我们对大学生加强思想政治教育来引导其健康发展。

第一，多元化的价值趋向促使大学生价值判断扭曲。在当下，一些大学生受到低俗大众文化的影响，歪曲了对于成功的认识。在世界观、人生观和价值观层面上，当代大学生注重现实与实用主义，主要表现在享乐主义的物质文化取向和颓废主义的精神生活取向上，他们把现实的物质利益、舒适的生活、体面的职业和地位当作了人生的唯一追求。大学生出现了价值观念偏移、道德社会化扭曲、功利主义盛行的倾向，个人主义得到张扬的同时出现自我异化倾向，并带有浓重的个性色彩和随意性。

第二，理想信仰危机。大学生在理想选择上存在着困惑与迷茫。我国社会转型所产生的一些问题和矛盾对当代大学生的理想信仰带来了冲击。大学生由于社会阅历浅，判断和抉择能力有限，因此，难免会有一部分人陷入理想选择的困境。在价值多元化语境下，旧的价值观念部分地失去了示范作用，而新的价值体系又未形成，价值判断的矛盾性，价值评价标准的混乱状况，会使许多大学生在选择他们的人生之路、确立自己的理想时感到困惑与迷茫。大学中存在的一些问题也使大学生存在迷茫。一些大学生在步入大学校园后，发现真实的大学生活与他们想象中的大学生活存在着一定的差距，甚至与他们所认为的完全不一样，一些人感到失落沮丧。

第三，社会政治意识淡化。在全球化的时代背景和改革开放的国内环境下，西方国家的意识形态、文化思潮进入我国的思想领域、文化领域，大学生很容易在这一种文化入侵形式中丧失自己的政治警惕性，毫不设防地接受这些文化中的消极影响，由浅层次审美文化上的认同，发展成为深层次政治上的认同，丧失民族自尊心、自豪感，逐渐失去共产主义的远大理想，失去崇高的信仰。此外，大学生由于受到西方国家所谓的民主、人权思想的影响，会盲目追求绝对的自由与民主，则有可能使个人主义、无政府主义重新抬头。

第四，社会责任感淡化。在当今社会的“花花世界”中，一些大学生只注重感官的享乐，他们认为大学的学业只要应付过去就行了。他们为了娱乐而娱乐，学习成为沉重的负担，忘记了自己的社会角色，没有人去思考深层次的社会问题、民生问题，没有人去“仰望星空”，甚至连脚下的事情也不去关注，只是沉溺于无休止无意义的享乐中，丢弃了对家庭和社会的责任，失去了人生前进的动力，缺乏理想追求，缺乏远大志向，淡化了对社会的责任感和使命感。

总而言之，大学生正处于价值观的形成时期，出现的种种问题需要加强大学生思想政治教育来引导其价值观的形成和发展，使大学生成为社会主义现代化建设的合格接班人，这是时代的需要，也是高校培育人才目标的需要。

第二章　大学生思想政治教育的历史传承

大学生思想政治教育脱离历史和社会是无法存在和发展的。中国传统社会存在着丰富的思想政治教育思想和实践，为当代大学生思想政治教育提供了丰富的可供借鉴的资料，马克思主义理论和中国共产党思想政治教育的经验对当代大学生思想政治教育具有理论指导的作用，对交叉学科理论和西方国家教育理论的借鉴则为大学生思想政治教育提供了更广阔的视野。

第一节　对中国传统社会优秀思想政治教育理论的继承

中国有深厚的伦理传统和悠久的德治传统，留下了许多超越时空局限的优秀传统美德。我们要取其精华地对其进行吸收。

一、德刑论

中国素有重视道德教育的传统。早在春秋末年，孔子针对以刑政治国的现实，提出了“为政以德”“道之以德，齐之以礼”的主张，把道德教化看作治理国家的基本手段。虽然由于当时的环境所限没有受到重用，但是从汉武帝之后，儒家思想一直是历代统治者治国理政的基本思想。历代的政治家、思想家，在实践的基础上不断探讨，发展了孔子的思想，提出了许多有价值的看法和理论，形成了重视道德教化的传统。

（一）德教乃为政之本

道德教化是为政治国的根本。这是中国古代的一个基本思想。先秦时期，在治国问题上，存在着依靠刑政还是依靠德教的争论，最终秦朝选择了以刑政的方式治理国家，秦朝短暂的“生命”也说明了单纯地依靠刑对于治国是行不通的。而后的思想家们形成了以道德教化为治国根本的传统。并最终形成了一套德教的理论。

（二）道之以德，有耻且格

道德不同于法律，法律是一种他律，具有强制性，道德是一种自律，更多的是体现在自身的思想素质上。孔子说依靠刑政只能使百姓“免而无耻”，而依靠道德教化才能使百姓“有耻且格”，只有有耻之心才能使人自觉走上正道。这一认识也印证了道德不同于法律。孟子、荀子等人单纯从人性来说明道德教化问题，虽然有不正确的地方，但其思想中也含有一些合理的成分。孟子说人类无教则近于禽兽，把有无道德提高到人与禽兽的区别上来认识，是很有意义的。荀子、董仲舒说人待教而成善，强调了道德教化的必要性和重要性，也是有积极意义的。董仲舒还说“王”是以“成民之性为任”的，把国家的职责归结为对百姓进行教化，这是片面的，但把教化看做国家的一个重要职责，却是正确的，可以说是卓见。

（三）德主而刑辅

在强调道德教化的同时，怎样处理教化与刑政的关系？孔子虽认为应该对人进行道德教化，但是他也并不完全否定刑杀的作用，但他追求一种“胜残去杀”“必也无讼”的思想。荀子既指出单靠赏庆刑罚势诈不能尽人之力，致人之死，也指出了尧舜不能改造奸险诡诈之人，教化不是万能的，提出了要把教与诛、礼与刑相结合的思想。

（四）治乱在风俗，匹夫与有责

据《孝经》记载，孔子曾经提出过“移风易俗”这一思想，但是没有对其做详细的阐述。荀子十分重视社会风气，认为社会风气能够彻底改变一个人，从而提出要培养良好的社会风气。宋代苏轼也重视风俗，把风俗比做国家的“元气”。特别是明末顾炎武等，有见于世风不良，对社会风气问题从各方面进行了阐发。他将亡国（改朝换代）和亡天下（道德沦丧、风气败坏）区分开来，认为治理国家关键在于治理社会风气，而社会风气与人的自觉性息息相关，因此提出了天下兴亡，匹夫有责的思想。以后一批士人继续发挥顾炎武的思想，比较全面地阐述了社会风气、国家治乱和个人修养之间的关系。其思想主要有以下几点：

(1)“天下之治乱，系乎风俗”；

(2)“风俗之厚薄……自乎一二人之心之所向”，“士皆有耻，则国家永无耻矣”；

(3)社会风气之好坏，可以改变人心，“风俗美则小人勉慕于仁义，风俗恶则君子亦婉转于世尚之中，而无以自异”；

(4)以身作则从而改变不好的风俗是士人的责任。

虽然这些思想家们在看待当时的社会风气时脱离了当时的经济、政治环境，想要依靠少数士人的作用来改变社会风气，挽救社会危机，实际上也没有收到预想的效果。但是，他们对社会风气重要性的阐述是深刻的，至今还有重要的现实意义。尤其是他们天下兴亡，匹夫有责的高度自觉，把改善自身的思想道德修养作为自己应尽的责任是值得我们学习和提倡的。

二、人性论

对于人性问题的讨论自古有之，人性问题是中国传统道德学和中国古代哲学中的十分重要的一个问题。古代关于人性的学说，总的说来都还是抽象的人性论。今天研究人性善恶等问题，不能停留在人性是善还是恶、性善论合理还是性恶论合理这样一些问题上,应该突破古代思维模式,改变思考问题的方法,以新的思路来探讨善和恶的根源,人性的自然性方面和社会性方面以及引导人们去恶向善的方法等问题。从服务于当前思想政治教育的目的出发,我们以一种新的思路、新的方法,思考中国古代人性学说的“人皆可以为尧舜”“内养外化,皆可成善”“纵情外诱,恶之所生”。

(一)人皆可以为尧舜

孟子说“人皆可以为尧舜”,荀子说“途之人可以为禹”,他们两者的根本思想完全是一致的——儒家的传统思想。这种思想也影响到佛教。中国化的佛教禅宗主张人人都有佛性,“愚人智人,佛性本无差别”,只在“迷悟不同”,肯定“一阐提人皆得成佛”,在这个根本点上与儒家一致。它表现出一种对人的乐观、信任的态度,肯定人人可以达到至善境地,成圣成佛;人之所以有不善,只是因为自己的迷误和自觉努力不够。由此就产生了中华民族孜孜于求善的精神:对己,一日三省,自强不息,力戒自暴自弃,无所用心;对人,助人为善,对有过者取宽容态度。

这种思想体现了一种平等观念,这种平等观念主要体现在人性上和道德上。它肯定“尧舜与人同”,圣人与常人在人性上是相同的,因而也是平等的。这种人性上的平等思想并非近代意义上的平等思想,在存在着等级制度的古代社会中,它仍然是为政治上、经济上的不平等服务的。但它不承认圣人有高不可及的天赋,这可以成为接受近代民主观念的基础,与近代平等观念相衔接,因而有重要的意义。

(二)内养外化,皆可成善

古代人性说中关于人所以能够成善的各种观点,从某一个方面、某一个角度揭示了人成善的根据。总的来看有以下几种观点:

一是善根源于人的天赋善端，即良知良能。这是性善论的根本观点，孟子、王阳明的观点是其代表。这种观点把善归结为天赋的自然本性，否定了善的社会性，是不对的，但有一定的合理性。

二是善是经过后天教育、实践积累而成的。荀子提出性恶论，就是为了强调这一点。他认为人性为恶，顺人之性必将导致争夺纷乱，为了克服这种由恶的本性所引起的争夺纷乱，才有圣王化性起伪，制定礼仪，进行教化，才有了善。这是从社会需要来说明善，接触到了善的社会性，有较大的借鉴意义。王夫之则强调人性本身是“日生而日成之”，是一个不断形成的过程，开始接触到人性与后天影响的关系，即人性的社会性，较荀子更为深刻。

三是性有善质而未能善，待教而成善。这种观点是调和孟子和荀子，既肯定善有其人性的根据，又强调后天教化对于人成善的关键作用。

四是人性有向善、向恶的两面。荀子说人性“义利两有”，董仲舒说人性“仁贪两有”，扬雄提出性“善恶混”，都属这种思想。但在荀、董那里，都只是提到而已，没有成为其人性学说的主要思想，没有得到发挥。宋儒的二元论，把人性分而为二，一是气质之性，一是天地之性，把善恶都归于人性，认为人的去恶成善乃是人性的净化，是性善恶思想系统的、理论化的表现。认为善和恶可以在人的自然本性中找到一定的根据，这是合理的，但把善恶完全归于天赋人性，则是错误的。

应该说，古代的各种学说分别强调其某一个方面，都有其合理的内容，也有其片面性。以上第一、四两种观点，强调了人成善的内在根据和自觉修养的重要性，认为人向善既取决于内在也取决于自身的修养；第二、三两种观点则侧重于后天的学习对于人性向善的重要性，认为人性向善很大部分取决于人的后天学习。我们应该吸取其合理的部分，抛弃其错误的部分，克服其不足，在批判继承的基础上加以发展，形成正确的认识。

(三)纵情外诱,恶之所生

古代关于恶的根源,荀子主张性恶论,认为人的本性好利恶害,顺性发展,就会发生争夺、纷乱。他把恶归之于人好利恶害的本性,这种观点有深远的影响。虽然后儒多不主张性恶论,荀子受到冷遇,甚至批判,但在恶的根源问题上,多数人却也把恶归之于人的情欲。情欲为万恶之源的思想在很长的时期里占着统治地位。这种观点有明显的片面性。人的情欲、人之好利恶害未必一定导致恶,恶也并非均由情欲或好利恶害引起。但是,对情欲的放纵和无节制的追求,的确是种种恶事产生的重要原因,故而对情欲作适当的约束、节制仍是重要问题。孟子认为人之所以有恶,是因为受外界影响而失其本心所致,正如森林被砍伐而成为荒山秃岭一样。墨子认为人之好恶在于“所染”,颜元认为恶起于“隐蔽习染”,都属于这一类。

与关于人能成善的各种观点一样,在对恶的根源说明上,古代各种学说的根本缺陷,在于其都是从抽象人性论的观点去观察问题,而没有对善、恶及其根源做具体的历史的分析。在这些问题上,我们应该吸取、借鉴古人合理的思想、观点,在马克思主义指导下发展我们的认识,纠正和克服古人认识中的错误、不足之处。

三、义利论

义利关系问题是我国古代道德理论中十分重要的问题之一,对于义利关系的讨论一直以来备受各界的重视。从总体上说来,在中国古代的思想家比较认同“重义轻利、公利为上”这一义利关系。我国古代义利观中的优秀思想,对祖国产生了巨大的影响,它培育了中国人民尊德重义、团结奋斗的光荣传统,它促成了中华民族优秀思想文化的核心内涵,从而保证了我们中华民族的发展和繁荣。这种优秀的义利观不仅适用于过去,对现在也有很大的作用。

（一）明辨义利，第一要务

明义利之辨的思想是以儒家为代表的传统人生价值观中一个重要的特点和内容。在这种观点看来，义和利是对立的两种价值取向："义"就是从道义上看应当做的，代表着公利；利则是指私利、私心，是为自己盘算和计较，凡不从公利出发便是私，义与利，也就是"公"与"私"。这种观点还认为，严辨义与利这两种价值取向，是任何人学做人的"第一义"。一个人首先选择了"利"还是"义"，就决定了这个人是君子还是小人、是圣人还是强盗、也决定了社会风气是好还是坏等等很多方面。明义利之辨的思想对道义的充分重视和肯定是值得当今人类认可和学习的。

（二）义以为上，以义制利

先秦时期的儒家和墨家都重义。儒家主张"义以为上"，墨家也提倡"天下莫贵于义"，"义以为上"，表明了中国古代对道义，尤其是"天下之利"的重视。但后儒却把"以义制利"的合理思想绝对化了，提出"正谊不谋利"，鼓吹人们不能理会"利"而只追求"义"其实质就是否定了"利"，用义代替了利。我们继承和发扬义以为上，公利为重这一优秀传统思想，应该剔除其中的糟粕，赋予新的具体形式和内容。

（三）兴天下利，利济苍生

中国古代的思想家，除去主张"出世"的佛、道家以外，几乎无一例外地主张"兴天下利"，墨家在这个方面旗帜最鲜明。在古代统治阶级那里，"兴天下利，利济苍生"的思想具有明显的局限性，这不但是因为他们往往站在"王者""圣人"的立场上，对百姓持着一种"恩赐"的态度，而且其目的最终还是为了巩固他们的"天下"，使人民"归之"。对此，傅玄明白地指出："利天下者，天下亦利之。"但是，他们"兴天下利，利济苍生"的思想，有一定的积极意义，它终究是突破了剥削阶级的狭隘局限，在一定程度上反映了人民群众的要求，对推动社会发展起到了积极的作用，这些在今天仍然需要肯定和发扬，真正做到“兴天下利，利济苍生”。

四、知行论

知与行的关系是“哲学认识论”和“道德理论”中的重大问题。从思想发展史上看，对知行关系的探讨，最早源自于思想道德领域。知行问题讨论的对象主要是道德行为与道德意识之间的关系，也就是“力行”和“致知”的关系。中国传统思想道德领域里知行观作为一个重要的理论问题，其主要内容大体可以归纳为以下几个方面。

（一）知行相须，知行互发

在知行关系上，中国古代的一个基本观点，是把致知和力行看做道德修养中不可分离的两个方面，朱熹指出，知与行要分先后轻重：“论先后，当以致知为先；论轻重，当以力行为重。”对于一个具体的道德活动来说，这个论点是对的。但从人类总的道德活动来说，仍然是行先知后。中国古代思想家还认识到了知与行是相互促进的。不但在人的道德实践活动中是这样，在人类一切实践活动的领域里，知和行（认识和实践）都是相互依存而又互相促进的。

（二）知行两端，不离不一

关于知行是合一还是相互联系的两个不同方面中国历史上有过一番讨论。明代王阳明在批评“知先行后”时，提出了“知行合一”说。他提出：“知者行之始，行者知之成”，“知之真切笃实处，便是行；行之明觉精察处，便是知。知行功夫本不可离。只为后世学者分作两截，失却知行本体，故有合一并进之说。”这种学说突出了知与行的统一关系，这种统一关系在伦理学上具有十分重要的价值，因为道德虽然是意识形态上的东西，但是道德如果得不到实践就失去了其应有的作用，所以道德也是知行统一的统一体。

但是，王阳明的“知行合一”说在真理的基础之上继续向前了一步，“真理向前一步往往是谬论”，他的“一念发动处，便即是行了”的观点体现了唯心主义，实际上变成对行的否定，陷入了谬误。后来的王廷相、吴延翰、吕坤等从重视实践的角度出发，对他的理论进行了批评。特别是王夫之，一方面肯定了“知行合一”学说的合理因素，指出“知能同功而成德业”“知行始终不相离”；另一方面也尖锐地批评了“知行合一”说，指出其错误在于不懂得知与行的统一，正是因为它们的相分和不同，否定知行差别的结果必然是“以知为行”“以不行为行”，最终和佛家一样，“销行以归知”。王夫之认为，“知有不统行，而行必统知”，认为行比知更重要。这些观点虽然有些是错误的，但是对于知与行问题的讨论在当时达到了中国古代对知行关系认识的最高峰。近代以来，著名的革命家、思想家章太炎、孙中山等，又用当时掌握的自然科学理论，补充和丰富了王夫之的知行理论，使之更趋完善。当然，真正用唯物辩证法完美解决这个问题的，还是毛泽东在抗日战争时期写出的《实践论》。

（三）知然后行，行是知功

中国古代思想家历来重视“知”的作用，对此作出过许多论证和说明。《礼记·大学》就把“格物致知”放在八条（格物，致知，诚意，正心，修身，齐家，治国，平天下）之首。宋以后儒者多以此为根据强调“致知”的重要。程颐提出“须是识在所行之先。譬如行路，须得光照”，肯定了认识的重要性。朱熹也说，“圣贤教人，必以穷理为先，而力行以终之”。从明代后期到清初，思想家们在知行关系的认识上达到了前所未有的高度。王夫之、颜元等人特别强调“行为知功”“行有知之效”。这些认识和当时强调实践的风气是一致的。近代以后，像谭嗣同、孙中山等人，本身既是思想家又是革命家,他们特别强调知难行易,知无穷。尽管不同思想家的理论观点不尽一致,各种论述中都有某些片面错误之处,但是他们从不同方面对“知”的重要性所做的说明,都包含着一定的真理,值得我们继承。

(四)行而后知,行以验知

在道德问题上,中国有重行的优秀传统。从先秦时期孔子、墨子、荀子等开始,就强调言行一致。孔子提出要“听其言而观其行”,强调以行来检验言;荀子强调学要“布乎四体,形乎动静”“学至于行而止”,把行列入了“学”的范畴。宋以后,一些思想家进一步提出“行而后知”“实体之则实知之矣”,指出先行然后才有真知。据此,强调人的道德习惯的养成是靠“人也,非天也”,提出“行而后知有道”,“力行而后知之真”的观点,进一步说明“知”来源于“行”的道理。一些思想家还把重视力行的思想推广到道德修养领域之外,如颜元认为,修身、齐家、治国、平天下,“不惟静、敬、顿悟等混不得,即读、作、讲解都当不得。”必须从“格物”着手,而格物就是“犯手抟弄”,也就是亲手去做。魏源强调要“亲历诸身”。近代资产阶级革命家更强调革命行动的重要意义。章太炎主张应以革命开发民智,孙中山则强调“不知而行”,是人类进化的“门径”。这些杰出的思想,它们不仅包含有真理,而且在鼓舞人民起来革命,推翻黑暗势力,鼓励人民发明创造,改造自然和发展生产上,都起到了积极作用。

五、公私论

在中国传统道德文化中,公私这一对范畴非常复杂,其含义比较笼统、宽泛而且不稳定。“公”原来指王侯将相,以及他们的权益,“私”字是指个人或自我。对于“公”“私”内涵的深入理解需要我们从以下两个方面入手:

(1)利益范围问题,是整体还是局部,是社会集体还是自我个人；

(2)公正、公平与自私、偏私等。

在古代等级制社会下，“公利”往往只是占统治地位的阶级、集团甚至家族的利益，与被统治的下层民众的利益相对立。以私利服从公利，在一定条件下对于保持社会秩序的稳定和经济发展是必要的，有其合理的一面。然而对于劳动人民来说，这一原则在多数情况下又意味着对自身物质利益的漠视以致否定。明末以后一些思想家对这种现象予以揭露、批评，他们对“私”，也就是对个人正当权益积极肯定，而对于家天下即“使天下之人不敢自私、不敢自利，以我之大私为天下之大公”“视天下为莫大之产业，传之子孙，受享无穷”进行了尖锐的批判。这不仅在当时有重要意义，今天也可供借鉴、吸取。

（一）天下大同，圣贤至公

这是中国传统伦理道德中关于理想社会、理想人格的思想。天下大同的思想反映了对原始社会氏族公有制的怀念，人们对过去的怀念其实质就是对现实的不满以及对未来这种理想能够实现的渴望，所以天下大同的思想也体现了对现实社会不公的抗议和对未来社会的美好憧憬。长期以来，人们都向往大同社会，上至孔孟时期，下至近代。在这种社会理想之下产生了相应的理想人格，即圣贤，他们至“公”，即能够公而无私地对人对物，他们在考虑和处理问题时能够放下个人私利，而以整体的利益，以全民族的利益为出发点和着眼点。公私问题作为传统道德的根本问题，是中国道德的关键，在一定程度上向世人展示了中华民族优秀的思想道德文化。

“天下为公”的思想值得我们借鉴、继承。需要注意的是，“公”并不是抽象的、不变的，在不同的时代背景之下有不一样的内涵，今天我们继承“天下为公”的大同理想，但是要让它在继承过去思想精华的基础之上具有时代内涵，这就需要将建设有中国特色的社会主义现代化强国，真正实现共同富裕和人民幸福，最终实现共产主义的伟大理想融入其中。

(二)公私相背,善恶所由

在中国的道德传统中,最突出的一点是把公私与道德上的善恶联系在一起。唐代独孤及一针见血地指出:“善恶生于公私”,明确地揭示了公私的道德意义。在宋明时期,该时期的道学家将这一思想进一步论证和发挥,他们将公私与义利、善恶、理欲紧密联系在一起,认为私就是利,就是欲,就是恶;而公就是义,就是理,就产生善。在某些道学家眼里,“私”就是不符合道德的行为,是万恶之源;而将“公”认为是符合道德的行为,是善行、善举的源头。

仔细对中国传统的“公私相背,善恶所由”理论进行研究不难发现,其抓住了伦理学的主要矛盾和问题:个人和与社会、局部与整体的关系,并对其主要内容和意义进行了深刻的研究和论证。以公为善,肯定了人应该从社会整体利益和大多数人的利益为出发点去处置事,而不应只局限于一己私利,这是值得肯定和继承的。但是,除了少数思想家之外,他们都在不同程度上夸大了公私的对立,而且抽象地看待公与私的相互关系,这就有失偏颇了。其实公与私的关系是具体的,它们不但有对立的一面,还有在一定条件下相互依存、相互转化的一面;“私”有导致恶的一面,也有其合理的、积极的一面。

(三)公私之交,存亡之本

这是从政治道德的角度谈公私的。其根本的思想在《商君书》里用最简练、最准确的语言表述出来:“公私之交,存亡之本。”先秦时期不仅儒家提倡“世界大同,天下为公”,法家更强调“公”。他们主张法治,而认为法的功用就在于“去私立公”,把立公去私看作治国的根本原则。他们这样做,主要是反对当时宗法制度基础上的“亲亲而爱私”现象。当然,他们所主张的“公”也并非真正的公,韩非就将国君的意见、利益等同于“公义”。但他们提出的去私立公的原则却有普遍意义，因此也就成为重要的政治道德原则。它为后代政治家所继承、发展成了更为具体的要求，如对人君要求“有公赋，无私求；有公用，无私费；有公役，无私使；有公赐，无私惠；有公怒，无私怨。”对人臣要求“治官事则不营私家，在公门则不言货利，当公法则不阿亲戚，奉公举贤则不避仇雠”。到宋儒又有人提出“一心可以丧邦，一心可以兴邦，只在公私之间尔。”可见这一点已成为政治道德的传统。这种思想理论，对于限制统治者的剥削和压迫，调整和缓和社会矛盾，推动社会生产力发展起到过积极作用。今天，已经消灭了等级制度，国家是人民的国家，人民是国家的主人，国家工作人员是人民的公仆，立公去私、大公无私的原则已有了实现的可能。我们应该大力提倡发扬这种优秀传统精神，以反对一切以权谋私的腐败现象，建立起真正公正廉明的政治。

第二节　对马克思主义基本指导理论的继承

马克思主义理论体系是大学生思想政治教育的理论基础，对大学生思想政治教育的发展具有重要的指导作用。

一、马克思主义世界观理论

马克思主义哲学产生于19世纪40年代，以1848年发表的《共产党宣言》为标志。它是社会历史发展、科学发展和哲学本身发展的必然产物。在马克思主义哲学看来，哲学是世界观和方法论的统一。世界观又称宇宙观，是人们对整个世界以及人与世界关系的根本观点和总的看法。哲学是理论化、系统化的世界观。马克思主义哲学揭示了自然、社会和思想发展的规律，是大学生思想政治教育的指导理论。

(一)为大学生思想政治教育揭示了客观规律

大学生思想政治教育的根本目的是帮助大学生提高认识世界、改造世界的能力,在改造客观世界的同时改造自己的主观世界,即通过思想政治教育,把当代大学生培养成社会主义事业的合格建设者和可靠接班人,促进大学生自身素质的全面发展。第一,马克思主义世界观揭示了自然和社会发展的规律,为大学生提高认识世界、改造世界的能力提供了理论武器。第二,马克思主义世界观揭示了思想发展的规律,为大学生在改造客观世界的同时改造自己的主观世界提供了理论武器。

(二)为大学生思想政治教育确立了正确的思想路线

马克思主义世界观为大学生思想政治教育确立了正确的思想路线。世界的物质统一性原理,是全部马克思主义哲学的理论基石。我们党依据这一原理,制定了一切从实际出发,理论联系实际,实事求是,在实践中检验真理和发展真理的思想路线。“实事”就是客观存在着的一切事物,“是”就是客观事物的内部联系,即规律性,“求”就是我们去研究。邓小平继承并发展了这一思想,提出“解放思想、实事求是”。江泽民指出坚持解放思想、实事求是,必须“与时俱进”,胡锦涛则进一步强调解放思想、实事求是、与时俱进,必须“求真务实”。实事求是是马克思列宁主义、毛泽东思想、邓小平理论、“三个代表”重要思想和科学发展观的精髓。

在大学生思想政治教育中贯彻实事求是的思想路线,首先必须研究“实事”,即认真地深入地研究大学生思想政治教育的历史与现实背景,特别是面临的新情况、新问题。还必须“求是”,即认真地深入地研究大学生思想政治教育的规律,包括大学生心理与思想发展的规律,特别是思想道德形成与发展的规律;思想政治教育的基本规律和具体规律,特别是贯穿于思想政治教育全过程的基本规律;思想政治教育服从和服务于社会发展的规律。只有研究规律并遵循规律办事，才能真正明确大学生思想政治教育的战略定位、目标定位和学科定位，才能切实担当大学生思想政治教育的使命，才能不断总结经验，更有效地开展大学生思想政治教育。

（三）为大学生思想政治教育提供了根本方法

马克思主义世界观为大学生思想政治教育提供了根本方法，这就是：理论联系实际的方法、群众路线的方法、唯物辩证的方法。

理论联系实际的方法要求我们首先应该善于把握和运用科学理论；其次应该在科学理论的指导下认真开展对大学生思想政治教育问题的调查和研究；再次，理论联系实际的最终结果，应该是获得对于思想政治教育的规律性认识，从而切实解决各方面的问题，并上升为新的理论。运用理论联系实际的方法既要反对教条主义，又要反对经验主义。

群众路线方法的主要内容分为两个方面：其一是一切为了群众，一切依靠群众；其二是从群众中来，到群众中去。前者是宗旨，后者是工作方法，两者是辩证统一的。在新的历史时期运用群众路线的方法，必须坚持依靠群众和引导群众相结合、关注群众的物质利益与注重精神提高相结合，促进人的全面发展；以制度和法律保障群众路线的贯彻。

正确运用唯物辩证方法必须坚持以下几个思想前提：一是必须坚持唯物主义世界观，克服唯心主义世界观；二是必须坚持辩证法，克服形而上学；三是必须坚持在实践中不断发展已有的认识，克服教条主义；四是必须坚持以马克思主义立场、观点、方法为指导的“具体问题具体分析”的“活的灵魂”，坚持全面性，反对片面性。

二、马克思主义青年观理论

马克思主义青年观是马克思主义创始人、马克思主义经典作家们运用辩证唯物主义和历史唯物主义的世界观和方法论来分析研究青年,从而揭示出的正确认识和对待青年的基本原则和理论观点。① 它是我们认识和研究青年的理论指南,是培养和教育青年的思想武器。

(一)青年是变革现实的新生力量

马克思主义者十分重视青年的力量,认为青年热情高、干劲足、敢说、敢干,是革命和建设中的先锋队和突击队,对青年在社会历史变革中的地位和作用给予了充分肯定。早在1845年,恩格斯在给德国一家报社记者的信中就预见,德国"将发生光荣的革命"(指无产阶级革命),他肯定"实现这一变革的将是德国的青年。"②可见,恩格斯已充分认识到青年是勇于变革现实的新生力量,是积极进行社会革命的主力军,他把无产阶级取得革命胜利的希望寄托在青年一代身上,热情赞扬了青年的革命精神。列宁认为,"青年更乐于跟着革新者走。"③毛泽东对中国青年在革命和建设中的地位与作用更是给予了高度评价,他说:"带着新鲜血液与朝气加入革命队伍的青年们,无论他们是共产党员或非党员,都是可贵的,没有他们,革命队伍就不能发展,革命就不能胜利"。④

(二)青年是社会主义事业的未来和希望

马克思主义唯物史观认为,人类社会的发展是代代相传的,老一辈革命家开创的事业要靠青年一代来继承。实现共产主义是一个相当长的历史过程,不是一两代人所能完成的。因此,马

① 黄志坚.青年学[M].北京:中国青年出版社,1988,第74页.

② 马克思恩格斯全集(第2卷)[C].北京:人民出版社,1957,第629页.

③ 列宁全集(第14卷)[C].北京:人民出版社,1988,第161页.

④ 革命领袖论青年和青年工作[M].北京:中国青年出版社,1984年版,第7-8页.

克思主义者将培养共产主义的接班人放在十分重要的地位。从根本意义上来说，培养无产阶级革命事业的接班人，是关系到老一辈革命家开创的事业能否后继有人的问题，是关系到党和国家的领导权能否继续掌握在马克思主义者手中的问题，是关系到我们的子孙后代能否继续沿着社会主义道路前进的问题。这是无产阶级革命事业的百年大计、千年大计、万年大计，我们绝对不可麻痹大意。

（三）青年是各种阶级力量争夺的对象

青年是整个社会中最积极最有生气的力量，但他们缺乏社会经验，世界观尚未完全确立，因此在阶级社会中，青年成为各种阶级力量争夺的对象。无产阶级在反对剥削阶级统治和建设社会主义的斗争中十分重视青年力量和对青年的培养，而资产阶级和一切剥削阶级总是竭力和无产阶级进行争夺。毛泽东早在井冈山斗争时期就十分重视争取青年群众的工作，指出“取得青年群众的宣传，是整个宣传任务中的一个重要任务”①。

（四）对待青年要信任与引导

马克思主义者对待青年的态度是：充分地理解青年、坚定地信任青年、热情地帮助青年。青年正处在由不够成熟逐步走向成熟的过渡阶段。在他们身上，既有突出的优点和长处，也存在明显的弱点和不足，要把他们培养成为坚定的社会主义建设者和接班人，一是要热情关怀他们，二是要严格要求他们。恩格斯在《致爱利莎·恩格斯》的信中，对一个叫卡尔·济贝尔的青年给予了充分的理解、关怀和帮助，他认为济贝尔正处在发育时期，还不成熟，不能求全责备，应该用发展的眼光看待他，抓住他的主流给予充分肯定。这才是对青年的理解和信任的态度。

---

①　毛泽东．在莫斯科会见我国留学生、实习生时的讲话[N]．人民日报，1957-11-17.

马克思主义者对青年的信任和关怀是建立在正确认识和对待青年的基础上的。要引导他们发扬优点、克服弱点,健康成长。要允许青年犯错误,允许青年改正错误,即使对那些思想比较后进、毛病比较多的青年,也不能抛弃他们,而应该满腔热情地教育和帮助他们。容不得青年的过失,有点错误就横加指责,这不是马克思主义的态度。

(五)教育青年要全面发展

马克思主义认为,个人的全面发展是未来社会发展的基本要求。这就是说,未来社会生产力的高度发展,要求青年迅速摆脱由于分工所造成的片面性,成为"全面发展的和受到全面训练的人,即会做一切工作的人"①。毛泽东在论述我国的教育方针时也明确指出:"我们的教育方针,应该使受教育者在德育、智育、体育几方面都得到发展,成为有社会主义觉悟的有文化的劳动者。"②这就是说,青年的全面发展,既包括政治思想和道德品质,又包括科学文化知识和才能,还包括健康的体质。作为社会主义的一代新人,应当是既能从事体力劳动,又能从事脑力劳动,既具有社会主义觉悟,又具有丰富的知识和能力,既有高尚的道德品质,又有强健的体魄的人。这是马克思主义对青年全面发展的基本要求。

今天,在社会主义条件下,必须要求青年在德、智、体各方面发展。同时特别强调把德育放在首位。德、智、体三个方面是相互联系、相互促进、相辅相成的,我们强调把德育放在首位,丝毫不意味着可以把智育和体育摆在次要的位置。但是,从实施全面发展教育的整体要求来讲,德育是起保证作用的。只有把德育放在首位,并有机地渗透到各项业务活动中去,才能推动和促进智力、体力健康发展。

---

① 列宁选集(第4卷)[C].北京:人民出版社,1995,第159页.

② 毛泽东著作选读(下)[C].北京:人民出版社,1986,第780-781页.

(六)教育青年要理论联系实际

在实施对年轻一代的教育中,马克思主义特别强调必须坚持理论联系实际的原则。列宁在《青年团的任务》中尖锐指出:“离开工作,离开斗争,那么从共产主义小册子和著作中得来的关于共产主义的书本知识,可以说是一文不值,因为这样的书本知识仍然会保持旧时的理论与实践的脱节,而这正是资产阶级旧社会的一个最令人厌恶的特征。”①只有坚持理论联系实际的原则教育青年,才能使青年从实践中加深对知识的理解,并善于运用知识解决实际中的问题,培养言行一致的作风。

首先必须学习理论。马克思主义认为在传授知识、学习理论的过程中,要坚持灌输原则、循序渐进原则与说服教育原则。灌输指的是有领导、有计划地向青年传播革命理论,帮助他们树立辩证唯物主义与历史唯物主义的世界观,培养共产主义思想和道德品质。其次,学习理论的目的是为了运用理论指导实践,因此马克思认为学习理论必须坚持同生产劳动相结合的原则。他在《资本论》中指出:“生产劳动和智育、体育相结合,它不仅是提高社会生产的一种方法,而且是造就全面发展的人的唯一方法。”②并应引导青年积极投身到社会实践中去。

(七)青年成长要投入社会实践,与工农群众相结合

马克思主义十分关心青年的成长,并把参与社会实践看做是青年成长的必由之路。这是因为:第一,知识青年从书本上得来的知识,是不完全的知识,只有把书本知识与实际斗争结合起来,才能变为完全的、有用的知识;第二,青年的最大弱点是缺乏实践经验,看问题容易片面、急躁,甚至脱离实际,走与工农相结合的

① 列宁选集(第4卷)[C].北京:人民出版社,1995,第283页.

② 马克思恩格斯全集(第23卷)[C].北京:人民出版社,1964,第530页.

道路,能在实际斗争中经受锻炼,增长才干,使自己变得成熟起来;第三,青年与工农群众打成一片,有利于了解群众疾苦,培养工农感情,继承和发扬艰苦奋斗的作风。

马克思主义认为,青年仅仅掌握了一定的书本知识,还不能完全成才。只有把书本知识同社会实践结合起来,并运用知识造福于国家、造福于人民,在社会主义建设中作出了实实在在的贡献,才能真正成为人才。正如毛泽东指出的:“知识分子如果不和工农民众相结合,则将一事无成。”①投入社会实践,与工农群众相结合是青年成长的必由之路。

第三节　对交叉学科理论和西方国家教育理论的借鉴

大学生思想政治教育是一项涉及多种学科理论基础的教育活动,可以对一些相关学科进行借鉴来构建自己的理论体系,以及对西方教育理论的借鉴,可以实现新的时代条件下思想政治教育的发展创新。

一、对交叉学科理论的借鉴

(一)对政治学的借鉴

政治学是研究以国家为主体的各种政治关系、政治制度、政治思想及其政治发展规律的科学。它所研究的政治思想、政治关系和政治发展规律等,对人的思想观念和立场影响极大,极大地制约着人的思想行为的发展,是思想政治教育学确定教育任务和教育内容的重要依据;思想政治教育的任务和内容会受到一定的

① 毛泽东选集(第2卷)[C].北京:人民出版社,1991,第559页.

政治思想、政治关系的影响和制约。

1.借鉴关于国家与政党的学说

国家和政党学说是政治学的主要内容，马克思主义的国家学说和政党理论是确定思想政治教育任务和内容的重要依据。

(1)国家的起源、本质、职能与消亡。马克思主义创始人全面地考察了国家的起源，深刻地揭示了国家的本质。国家是一个历史范畴，是经济发展到一定阶段使社会分裂为阶级时产生的，它是阶级矛盾不可调和的产物和表现。国家的本质是经济上占统治地位的阶级进行统治的工具。

国家具有对内职能和对外职能。国家的对内职能有政治职能、经济职能和社会职能。对外具有保卫国土不受侵犯的职能，同时也有进行国际交往，参与国际政治经济事务的职能。马克思主义认为国家不是永恒的，随着阶级的消灭，国家也不可避免地要消失。国家消亡的经济基础是共产主义的高级阶段，国家的消亡是一个漫长的历史过程。

(2)政党的概念和分类。政党是代表一定阶级、阶层或集团的根本利益，由其中一部分最积极的分子组成，有共同的政治主张，采取共同的行动，为夺取和巩固政权而联合起来的有组织有纪律的政治组织。根据不同的标准，可将政党作不同的分类，常见的分类方式有以下四种：根据政党的阶级属性和阶级基础分为无产阶级政党和资产阶级政党；以政党是否掌握政权为标准，可分为执政党、反对党、在野党、参政党；以政党的法律地位为标准分为合法政党和非法政党；根据政党的活动范围分为国内政党和跨国政党联盟。

2.借鉴政治学关于政治生活内容的理论

人是在具体的政治生活中来提高思想政治素质的，有关政治生活内容的理论有助思想政治教育学全面而深入地研究受教育者所处的政治生活环境，确定思想政治教育的内容，实现思想政治教育的任务。

(1)政治秩序和治理。政治秩序是指社会中人们依据基本的政治共识与法律制度展开政治实践的一种状态。政治秩序在行动上体现为政治治理。政治治理既包括传统意义的维护政治秩序的统治行为,也包括实现经济社会发展目标的社会管理行动。

(2)政治参与和监督。政治参与是指公民通过一定的方式去直接或间接地影响政府的组成、运行和决策或与政府活动相关的公共政治生活的政治行为,是公民自下而上的政治行为。监督分为政治监督和社会监督,政治监督是指在政治管理过程中,为保证社会公共权力机关在所担负的职权的正当范围内和轨道上运行,而对其进行监视、检查、控制和纠偏的各种活动,其本质是以权力制约权力,其目的在于抵御权力的腐蚀性。社会监督是以国家机关以外的社会组织或公民为主体进行的监督。这种监督主体范围十分广泛,民主性比较突出,虽然不具有法律效力,但发挥着非常重要的作用。

(二)对人才学的借鉴

人才学是通过研究成才主体内在素质的变化,从而揭示人才产生和发展规律的科学。人才学研究揭示出人才产生和发展的运动过程表现为育才阶段和用才阶段。人才学与思想政治教育学有密切关系。思想政治教育学非常注重“培养什么样的人和如何培养人”的问题,思想政治教育的根本目的是为国家和社会培养现代化建设所需的人才。了解和掌握人才学所研究的育才、用才理论,对于实现思想政治教育的目的具有重要帮助。

1.借鉴人才学关于育才的理论

(1)个体人才成长发展的过程和规律。人才学研究指出,成才是人的发展到一定阶段的产物。个体人才成长的过程有其运行的阶段,一般可划分为内在素质优化阶段、外在活动质变阶段和社会承认阶段。

内在素质优化强调人才通过主观能动活动实现德、识、才、学、体五方面内在素质的有机统一；外在活动质变强调人才通过创造性劳动取得创造性劳动成果；社会承认是社会对成才者的素质和成果进行鉴定后予以肯定和承认的活动。成才主体的素质、成果通过社会承认，就标志着成才过程的结束，进入人才发展阶段，人才开始展示才能。经过若干次的社会承认，人才就会由初级人才上升到高级人才。

人才学研究还指出，个体人才成长是有规律可循的，大致概括为以下普遍性规律，一是有效地创造实践成才规律，二是顺势成才律，三是协调成才律，四是全面发展律，五是蓄积成才律。除此以外，个体人才成长还有一些特殊规律，如纵横成才律、扬长成才律、聚焦成才律等等。高校思想政治教育可通过借鉴个体人才成长过程及规律的理论，对大学生的成长过程和规律有更加科学的认识、分析和把握，以有效实现培育全面发展的社会主义新人的目标。

（2）人才的素质与开发理论。人才素质是指人才所具有的先天素质和后天品质的综合。人才素质区别于一般人的素质的核心在于人才素质的层次要求更高、潜在能量更大、可创造的预期财富更多。人才素质是由多要素组成的结构体系，包括生理素质系统和心理素质系统，其中心理素质系统又分为智能素质和非智能素质两个子系统。

智能素质系统由知识系统和能力系统等构成，非智能素质系统主要包括思想政治品德系统和心理品格系统两个子系统。人才素质的开发是在认识和掌握了人才素质的基本原理、结构与功能的基础上，进一步优化人才素质，促进人才健康成长，充分发挥人才素质功能，加强人才队伍建设的必要工作。高校思想政治教育可有效借鉴人才素质及开发理论，全面剖析大学生的素质构成，采用行之有效的方法，激发并引导大学生的素质提高。

（3）人才成长和发展的环境理论。人才的成长和发展与环境密不可分。马克思主义环境论探讨出人与环境的密切关系，使得人才成长环境也成为人才学探讨的重要话题。人才成长的环境是指人才在时空上赖以存在和发展的一切外部因素的总和。

根据不同的标准,人才成长的环境可分为物质环境和精神环境,可分为大环境、亚环境和小环境,可分为自然环境和社会环境,可分为历史环境和现实环境,可分为积极环境和消极环境,可分为国内环境和国际环境。其中,自然环境和社会环境是人才成长的两个重要环境,社会环境又分为宏观和微观环境,包括社会经济、政治、文化环境,还包括家庭、校园、单位、社区环境。人才成长的环境对人才成长有支撑、约束、塑造、激励等作用,同时人才又能够认识和改造自身成长的环境。人才成长环境理论的研究对高校思想政治教育环境论的系统研究,具有直接的借鉴作用。

(4)人才社会承认的方式。人才的社会承认,就是指在人才成长与发展过程中,社会对成才者的素质和成果进行肯定和认可的活动。社会承认在人才成长过程中是一个至关重要的环节,只有获得社会承认,潜人才才能转化为显人才,低层次人才才能转化为高层次人才。否则,人才便会被忽视以致埋没,人才的价值便难以实现。

人才的社会承认可以通过多种方式进行,主要的方式有传播式、认定式、颁奖式、规范性评判式和选举式承认等几种。在人才社会承认活动中,应努力认识社会承认各构成要素,推动社会承认的科学化。高校思想政治教育在研究自身教育活动价值时,也要通过评价社会对其教育对象的素质水平的承认程度来实现,在此角度思考,人才社会承认的研究成果对高校思想政治教育评估研究具有较大的借鉴意义。

2. 借鉴人才学关于用才的理论

(1)人才的识别、选拔和考核理论。正确地识别、选拔人才,并对人才进行考核,是人才管理过程中的重要环节,是科学使用人才的前提。人才识别又称人才鉴别,应坚持灵活多样、不拘一格的原则，人才识别的方法包括考试、考察、民意评选等。人才选拔是指按照一定的要求，在一定范围内，按照一定程序和方法选择优秀人才的过程。

人才选拔应坚持德才兼备、实践、竞争、公开公平、灵活性原则，选拔的方式包括考任制、选任制、委任制、招聘制、荐举制等。人才考核是指通过一定的考核方法和程序，对人才在工作中的表现进行全面了解和正确评定。人才考核包括对人才的德、能、勤、绩、识各方面的客观描述和人才优缺点的评价意见两部分。

（2）人才的使用原则。人才使用原则是在任用、配备和使用人才的过程中遵循的基本要求和准则。它主要包括宏观的党管人才原则、人才的配置使用与经济社会发展相协调的原则、人才的宏观调控与市场配置相结合的原则，也包括微观的用人单位任人唯贤、尊重信任、用养并重、扬长避短、激励、择优汰劣原则。

人才学的用才理论，为高校思想政治教育队伍建设的理论和实践，提供了丰富的知识借鉴。

二、西方国家教育理论的借鉴

为促进我国大学生思想政治教育进一步发展，我们不仅要吸取中华文化的优秀成分，而且要借鉴世界一切先进文化的因子。

（一）古代的教育理论

1. 苏格拉底——美德即知识

苏格拉底（公元前 469～前 399 年）是古希腊伟大的思想家、哲学家，西方伦理道德史上第一个道德教育家，西方教育理论的开创者。其德育思想与哲学观点密切相关，在西方哲学史上，他最早实现了从关注自然到关注人的伦理学转向。他认为，教育的目的是发展人，以培养出具备高尚品德和渊博知识的人才。其“美德即知识”“认识你自己”等命题为思想道德教育领域提供了丰富的思想源泉。

2. 亚里士多德——美德乃中庸之道

亚里士多德是古希腊百科全书式的人物以及教育思想和教育经验的集大成者。亚里士多德对道德教育作出了比较全面和系统的阐述和论证。他提出的教育必须适应人的自然发展原则、必须按年龄特征来划分受教育阶段,是最早的应该关注受教育者的理论。

首先,亚里士多德没有完全继承柏拉图的理念论,他认为,任何事物都是质料和形式的统一,人也不例外,人在质料上表现为身体,在形式上表现为灵魂,身体和灵魂是和谐统一的。他认为,人之所以为人,在于其理性灵魂的发展,教育的目标就在于追求理性、培养优良的公民,治国安邦,并促进个人幸福。亚里士多德提出了"白板说",人的灵魂就像一张白纸,知识经过感觉进入到意识之中,不断完善人的理性灵魂。

其次,亚里士多德提出"美德乃中庸之道"。他不赞同苏格拉底"美德即知识"的观点,认为知识对美德是必要的,却不是唯一的条件,知识只是人的道德行为的指导,美德的形成必须知行统一。他提出,道德教育的最高境界是达到中庸,"事物有过度、不足和中间。德行的本性就是恰得其中间"。

最终,亚里士多德提出了影响道德教育的三个重要因素:天赋、习惯及理性。"人们所由德成善者出于三端。这三端为(出生所禀的)天赋、(日后养成的)习惯及(其内在的)理性。"亚里士多德认为美德的形成,不仅需要利用天性,还必须要运用时间养成道德习惯,最终达到发展理性、完善美德的目标。他强调,人的发展是由低级到中级再到高级的发展过程,必须重视非理性部分的发展,最终实现理性的发展。

3. 昆体良——雄辩家教育思想

昆体良是西方古代教育的集大成者,其十二卷巨著《雄辩术原理》说明了他是西方历史上第一个全面论述教育的西方思想家。《雄辩术原理》全面地总结了古代希腊、罗马的教育思想和教育经验，系统地论述了年轻一代的教育问题。他认为道德素质是理想的雄辩家所应具备的首要素质，提出了适应自然的道德教育方法。

第一，昆体良把道德培养看成雄辩家教育工作的首要任务，强调道德教育的作用。昆体良认为，优秀的雄辩家首先应具有崇高的品德，高尚的德行要比优秀的才能更加重要。他不仅把道德培养摆在教育工作的首要位置，更强调教育在个人道德品质形成中的重要作用。昆体良主张把道德原理作为学校的主要课程，并且很有创见地提出了学前教育、初等教育、中等教育和高等教育四个阶段的全部教育问题，各个阶段都安排相应的德育内容和德育方法，以期通过循序渐进、须臾不可间断的德育，使学生获得正义、善良、节制、刚毅、机智等品质，成为一个有德行的人。

第二，昆体良提出了教育应适应自然的原则和方法。“鸟生而能飞，马生而能跑，野兽生而凶残，唯独人生而具有敏慧而聪颖的理解力。”昆体良也承认天赋差异的存在，主张教育顺应人的自然天性，在此基础上，他还提出了一些重要的道德教育原则。首先，教育应及早开始。“愈是年龄小，头脑就愈易于接受小事情，正如只有在身体柔软的时期，四肢才能任意弯曲，强壮本身也同样使头脑对大多数事物更难于接受。”其次，教育应因材施教。“应当首先弄清他（学生）的能力和资质”，并要“善于精细地观察学生能力的差异……因为各个人的才能的确有不可思议的差别。人心不同各如其面”，因而要在“教学中适合个人的特殊情况和需要，使每个学生能发挥各自的长处”。再次，昆体良提出了教学应当遵循循序渐进的原则。他认为优秀的教师应首先了解学生的个性及能力，尊重学生的理解能力，接受能力，与儿童的天性密切结合，相辅相成，相互促进实现好的教学。

第三，昆体良高度重视教师在思想道德教育中的作用。他认为教师在教育中应才德俱优、言传身教，为人师表；教师应具备渊博的知识、澎湃的激情、高超的教学艺术;教师在教学中应运用激励、赞美的方式来激发学生积极向上的积极性。教师不仅要知识渊博,还应该讲究教学艺术,寓教于乐,形式多样,尽量采用启发式教学,特别要反对体罚,主张用激励、赞美的方式来激发学生积极向上的积极性;教师应当遵循自然教育原则,深入了解学生的心理特征、个性、才能和倾向,更有针对性地组织教学。

(二)近代的教育理论

1. 卢梭——自然教育理论

让·雅克·卢梭是自然教育思想的主要代表人物,其教育名著《爱弥儿》在教育史上具有划时代的影响,要求培养反封建的资产阶级“新人”,主张教育应适应自然,培养适应新资产阶级要求的自然人。

首先,自然教育原则是卢梭德育思想的基本法则。在卢梭看来,人的教育来自于三个方面,“或是受之于自然,或是受之于人,或是受之于事物。我们的才能和器官的内在的发展,是自然的教育,别人教我们如何利用这种发展,是人的教育;我们从影响我们的事物获得良好的经验,是事物的教育”。自然是人的自然本性,事物的教育实质上是环境教育,对于环境教育人们可以有所把握,人的教育完全取决于人,但“每个人的心灵有它自己的形式,必须按它的形式去指导他;必须通过它这种形式而不能通过其他的形式去教育,才能使你对他花费的苦心取得成效”。因而自然的教育是人所不能办到的,必须在最自然的环境中方能实现。

其次,卢梭提出了自然教育分期理论和德育内容与方法。自然教育原则要求教师顺应儿童天性发展,这就必须考虑两个方面的内容:第一,要考虑人的发展的自然进程,并以此确定教育目的、内容和方法;第二,要考虑到人的天性中有善良和自爱的情感。而道德教育主要是与人的情感相关联的教育,所以道德教育的关键在于把人们天性中的自爱发展为博爱的情感。在自然教育分期方面，卢梭认为自然教育可划分为四个时期：幼儿期、儿童期、少年期、青年期。在《爱弥儿》中，卢梭对四个时期的教育重点都有所论述。他强调教育应该逐渐从自然走向社会，培养能够承担“自然后果”的社会人。另外，自然教育原则在卢梭的道德教育思想的体现，可以概括为道德教育以情感培养为主要内容，以实践活动的学习为重要路径。一方面，要让受教育者在自身成长和教育中处于主导地位，要遵循由浅入深、从具体到抽象的道德观念发展规律，从习惯养成着手，到培养道德情感、道德意志依次递进。另一方面，要从活动中学习，卢梭反对道德说教、死记硬背以及严格的纪律，强调要以行动而不以言语来实施教育。

2. 赫尔巴特——“五种道德观念”学说

约翰·弗里德里希·赫尔巴特是主知主义教育思想的主要代表人物，也是第一个把教育科学化的教育学家。在道德教育方面，他认为，教育唯一的和全部的工作都可以归结于道德，道德是教育的最高目的，道德教育的目标是培养具有内心自由、完善、友善、正义和公平等“五种道德观念”的完人，教学是道德教育最基本的途径。

首先，赫尔巴特以五种道德观念学说为核心内容的实践哲学构成了其道德教育思想的一个基础。他认为，“五种道德观念”构成人类的道德基础，是维持社会秩序的永恒真理，为此，其实践哲学的核心就是“五种道德观念”。内心自由是道德要求的首要因素。个人内心的理性判断驾驭自身的意志和行为，避免受外界因素的干扰和内心欲望的摆布，达到个人意志、行为与理性的协调一致。如果个人不能实现自己内心的自由，就要依靠完善和友善的观念，和谐处理自己与他人、与社会的矛盾。在与人起冲突时，个人应坚持公平正义的观念，克己守法，维持社会公平有序。

其次，观念心理学构成赫尔巴特道德教育思想的另一个理论基础。赫尔巴特承袭了苏格拉底“美德即知识”的观点，他把道德归结为“观念”，进而归结为知识。他认为教育领域中大部分问题都是因为缺乏对人内心的认知,于是第一个明确提出教学要以心理学为基础。在哥廷根大学研究期间,他确立了自己的观念心理学,把观念看成是人的全部心理活动的基础。观念心理学的另一个基本概念是统觉,新观念被旧观念所同化和吸收、新旧知识的融合就是“统觉”,任何观念、概念乃至知识的形成都是“统觉”的过程。

最后,赫尔巴特通过划分管理、教学、训育三阶段来实现自己的道德目标。他认为,道德教育是全部教育的核心,为实现道德认知灌注于儿童的认识之中,应把道德教育分为不同的阶段。其一,管理是教育过程的前提、教学的基本条件,应通过管理使儿童从小养成守秩序的精神。其二,教学是实施道德教育最基本的途径。赫尔巴特十分重视教育性教学,他认为“教学如果没有进行道德教育,只是一种没有目的的手段,道德教育如果没有教学,就是一种失去了手段的目的”。其三,赫尔巴特认为道德教育是品格教育,即通过训育形成性格的过程,所以道德教育既要与儿童管理和知识教学相结合,又要发挥训育的特殊作用。

3.涂尔干——社会道德教育

埃米尔·涂尔干是功能主义教育思想的主要代表人物。他第一个把道德作为社会现实,用社会学的研究方法来研究道德,把世俗道德从宗教道德中分离出来。

第一,涂尔干提出了道德三要素理论。在《道德教育》导言中,他提出道德教育应该建基于以理性为基础的世俗道德,“我们必须发现那些长期承载着最根本的道德观念的宗教观念的理性承载物”。他认为世俗道德是由纪律精神、牺牲精神(对社会群体的依恋)和知性精神(自主或自决)三个要素组成的。他从社会学的眼光来看道德教育,认为其中的首要要素就是纪律。道德包含常规性和权威性是规范的两个特征,这就是纪律的概念。道德的次要要素就是个人对社会群体的依恋。他认为,“如果人要成为一种有道德的存在,他就必须献身于某种不同于他自己的东西,他必须感到与社会一致……道德的起点就是社会生活的起点”。道德的第三要素就是道德的知性。涂尔干认为，道德良知需要的是行之有效的自主性，而科学是我们自主性的源泉。“我们只能以与我们征服物质世界相同的方式来征服道德世界：创建一门有关道德问题的科学。”

第二，在涂尔干看来，道德教育的目的就是培养儿童使之具有道德三要素。他以纪律作为考察的起点，认为正是通过对学校纪律的实现，我们才得以在儿童内心灌输纪律精神。学校是个体品德社会化的合适环境，“学校在儿童道德教育中所负有的任务，能够而且应该成为最重要的工作”，而小学阶段是儿童离开父母开始进入集体生活的时期，因而是最合适的道德教育年龄阶段。

第三，涂尔干还专门讨论了学校道德教育中的几个问题。首先在儿童的心理特点与纪律精神的培养问题方面。他认为儿童心理既有流动易变和情绪化的特征，又有习惯性和易受暗示性，教师应恰当运用这两方面的特征，培养儿童的天性。其次在教师权威的问题方面。教师是他的时代和国家伟大的道德观念的诠释者，他必须具备果敢的意志力，对自身职责有神圣的庄严感。再次是学校道德教育中惩罚与奖赏的问题。“为纪律赋予权威的，并不是惩罚，而防止纪律丧失权威的，却是惩罚”。再次，涂尔干提出了道德教育和道德教学、道德现实与道德理想、道德原则等概念的区别。他认为，道德教育重在形成习惯、唤起情感和激发行为动机，即培养纪律精神和牺牲精神，而培养道德的知性精神关键在于道德教学，道德教学是“对（道德）规范本身、规范的根源以及存在理由进行符号解释……教授道德既不是布道，也不是灌输，而是解释”。

（三）现代的教育理论

1. 杜威——实用主义道德教育思想

约翰·杜威的实用主义教育思想不仅对美国，而且对世界许多国家包括中国、苏联的学校教育都曾产生过广泛而深刻的影响。杜威的思想是以传统的赫尔巴特教育思想为对立面而形成并发展的,建构于其哲学思想中实用主义经验论、机能心理学和民主主义的理论基础上,强调教育与生活、学校与社会的联系,强调实践教学。学校道德教育理论是杜威实用主义教育理论的重要组成部分,主要体现在他的《教育中的道德原理》《学校与社会》《中学伦理学教育》和《民主主义与教育》等论著中。

首先,“教育即生活”与“学校即社会”是杜威教育思想中的两个基本观点。他认为,教育是经验不断改造的过程,是经验的生成、生长过程,最好的教育是从生活中学习,从经验中学习,所以“教育即生活”,“教育即生长”。另外,教育是一个社会生活过程,学校就是社会生活的一种方式,学校必须为儿童呈现现在的社会生活,因而学校应该是一个雏形的社会,“学校即社会”。杜威认为,思想道德教育的目的是培养美国社会的良好公民。他反对传统道德教育脱离现实生活进行纯道德观念的传授,强调教育应与生活和社会保持一致,因为“只有当学校本身是一个小规模的合作化社会的时候,教育才能使儿童为将来的社会生活作准备”。这就意味着,学校思想道德教育的内容要以社会生活为主。

其次,“以儿童为中心”“从做中学”是杜威实用主义道德教育的基本原则。杜威提出,教育的基本原则应该是“以儿童为中心”和“从做中学”。“以儿童为中心”,就是一切以儿童为出发点,以儿童为目的。儿童教学必须从心理学的基础上探索儿童的本能、兴趣和习惯,都应该服从于儿童的兴趣和经验的需要。“从做中学”,就是“从活动中学”,“从经验中学”。按照这两个基本原则,杜威认为学校道德教育要采取间接的道德教育途径,即将道德教育寓于学校生活、各类学科的教学和日常学习生活实践中,特别是要通过儿童参加各种活动和社会实践来加强道德训练。他提出两种学校道德教育方法。一是要以探究、商量和讨论的方法来代替传统教育中强制性灌输的方法,这是“以儿童为中心”的必然诉求。二是“从做中学”,即社会实践的道德教育方法。他认为通过社会实践可以避免传统道德教育空洞说教、强行灌输而导致的知行脱节的弊病。

2.苏霍姆林斯基——个性全面和谐发展

前苏联教育理论家苏霍姆林斯基，一生辛勤工作，致力于教育理论和教育实践的创造性探索，其教育思想既来源于教育实践，对世界教育领域都产生了广泛的影响。苏霍姆林斯基认为，学校教育的目标就是培养社会主义新社会的公民和“个性全面和谐发展的人”，和谐全面发展的核心则是高尚的道德。

按照苏霍姆林斯基的个性全面和谐发展理论，道德教育必须遵循以下四条基本原则。

(1)必须尽量使人们丰富多样的才能、天赋、兴趣和爱好等个性特点充分发挥。这就要求教师要尽可能了解孩子的个性特点，因材施教。

(2)集体的道德素质是个体道德素质的源泉。由于外部环境是学生精神生活的决定因素，学校集体是学生的外部环境，所以苏霍姆林斯基强调集体教育，重视学校集体对学生道德教育的特殊作用。

(3)在德育中要重视培养学生的自我教育能力。苏霍姆林斯基认为，只有激发自我教育的教育才是真正的教育，在建立丰富多彩的集体生活的基础上，教育的关键就在于，要激发学生良好的精神状态以及自我教育的愿望和要求，只有通过儿童自我教育、自身努力，才能形成良好的道德品质。

(4)宽恕优于惩罚，惩罚必先教育。在苏霍姆林斯基看来，惩罚要少用、慎用，惩罚的目的在于教育，惩罚必先教育才有意义，不过，只要儿童不是故意作恶，一般都不应给以惩罚，在这种情况下，恰恰可以通过宽恕触及儿童自尊心的敏感部分，使其产生改错的意愿和积极性。无疑，这些原则对现在来说也是很有益的。

在具体实施德育的过程中，苏霍姆林斯基认为这些方面非常重要，主要包括以下几点。

(1)要注意儿童良好道德习惯的培养。童年是道德习惯养成的关键时期,必须重视道德教育,使他们逐步认识社会的道德准则,尽早养成良好的道德习惯。

(2)要注意培养儿童丰富的道德情感。他认为,道德情感乃是“道德信念、原则性和精神力量的核心和血肉;没有情感,道德就会变成枯燥无味的空话”。

(3)要帮助儿童树立坚定的道德信念。苏霍姆林斯基深刻认识到,道德信念是道德发展的最高目标,德育就是要在儿童的心目中把道德概念变为道德信念,只有当道德行为形成道德习惯并最终成为儿童内心信念支配下的行动时,儿童才能够把道德行为、道德习惯、道德情感和道德意识全部融为一体,才能称得上形成自己的道德品质。

第三章　大学生思想政治教育的理念、原则和方法的发展与创新

新时代背景下带给大学生的冲击和影响不容小觑，这就需要我们重新审视大学生思想政治教育的理念、内容和方法，从而更好地推动大学生思想政治教育的发展。

第一节　大学生思想政治教育的理念创新

加强大学生思想政治教育理念研究，是加强大学生思想政治教育理论研究的针对性、系统性和创新性的需要，现代社会将对大学生思想政治教育工作不断提出新的、更高的要求。只有适应新的形势和任务的需要，不断创新教育理念，与时代的脉搏一起跳动，大学生思想政治教育才能具有强大的生机与活力，发挥更大的作用。

一、和谐发展的理念

和谐是人类追求的共同目标，也是社会主义社会的本质属性。树立和谐理念，最根本的是要培育和弘扬和谐文化。和谐文化是以和谐发展为核心，以培育、传承和践行和谐理念为主要内容，融思想观念、理想信仰、价值体系、思维方式、行为规范、制度体制为一体的文化形态。

（一）中国传统文化中的和谐思想

1.儒家的和谐文化思想

（1）以“礼”为制度的社会和谐文化。春秋战国时期被称为中国思想的“元典时代”，对后世产生重大影响的思想经典都出自于这一时期，特别是以孔子为代表的儒家思想。

“礼”在儒家思想，尤其是在孔子的思想中占有十分重要的地位。孔子所推崇和憧憬的周代社会，被描绘为一个尊卑有别、长幼有序、各安其分、彬彬有礼的和谐社会。而春秋乱世的特点，就是“不和”，其根源，在于“礼崩乐坏”。当然，更深的原因则在于人（特别是当权者）的私欲和不仁。所以孔子要“克己复礼”，要仿效周代建立一个礼让有序的和谐社会。

礼的外在的表现就是仪式，就是制度。作为仪式和制度，礼的意义在于“别”，即把不同的人和群体，通过礼的形式相互区别开来。比如什么样的人、什么角色和身份，是通过穿什么衣服、戴什么帽子、如何行动来表示的。礼的内在的实质，就是一种“君君臣臣、父父子子”的封建等级秩序，是通过外在的仪式和制度来实现这种等级秩序的。因此孔子说：“礼云礼云，玉帛云乎哉？”而礼的最终目的，则是实现社会的有序和谐。孔子的学生有若说：“礼之用，和为贵。先王之道斯为美。小大由之。有所不行，知和而和，不以礼节之，亦不可行也。”在儒家看来，社会不可能是没有区别的一团和气。孔子说：“君子和而不同，小人同而不和。”社会不能靠取消差别来实现和谐。

（2）以“仁”为核心的道德和谐文化。人是有区别的，这种区别又不是一种基于平等基础上的区别，而是有社会规定的高低贵贱、尊卑富贫的等级基础上区别，要想使低贱者安、卑贫者乐，孔子提出了“仁”。仁就是有爱人之心、爱人之举。“仁者爱人”。当然这种“爱”不是基督教所宣扬的“博爱”，而是有差等的、有区别的“仁爱”。即所谓“爱有差等”。这种有差别的爱表现在语言上，就是君明臣忠、父慈子孝、兄友弟恭、夫敬妻贤，等等。其基本价值理念就是：处于上的君、长者、尊者对处于下的臣民、少者、卑者要体恤，要给予他们最基本的生存条件，不能一味夺取，把他们“逼上梁山”。孟子的“使民以时”“节用而爱人”的“民本”或“人本”思想，其含义正在于此。

(3)以“修身”为要务的精神和谐文化。儒家认为，一个社会混乱无序、民不聊生，不管是外在的礼崩乐坏也好，或是内在的仁道不行也好，其最根本原因是人（特别是在上者、治人者）的私欲膨胀，得不到节制的缘故。为了解决这一根本问题，孔子提出了“克己”的要求。对于人的本性的认识，孔子后的儒家主要分为两派，即性善论与性恶论。性善论以孟子为代表，后成为儒家思想的主流；性恶论以荀子为代表，后来成为法家思想的主流。性善论认为人性本善，只是由于受到社会的影响而改变。因此要通过加强自身的修养来消除社会的不良影响，从而达到至善的境界。在至善的境界中，人的内心、精神和谐了，家庭和谐了，社会上人与人和谐了，整个社会也就和谐了。这就是中国传统的“修身、齐家、治国、平天下”的圣人之道。

修身的关键是“克己”，也就是说做人要节制自己的欲望情感。节制欲望情感并非禁灭欲望情感，而是把欲望情感控制在合理的范围之内。“喜怒哀乐之未发，谓之中，发而皆中节，谓之和。中也者，天下之大本也；和也者，天下之达道也。致中和，天地位焉，万物育焉。”“富与贵，是人之所欲也。”“富而可求，虽执鞭之士，吾亦为之。”儒家学说是入世的、积极的、现实的学说，就在于儒家学说正视现实的合理的人的需求和欲望，只不过要通过道德的修养来规范这些需求和欲望。在孔子那里，天理（其实是社会的普遍要求）和人欲是可以统一、应该统一的。即所谓“从心所欲，不逾矩”。不过到了程朱理学却把这两者对立起来，演变成要“存天理，灭人欲”，走入了死胡同。但总的说来，孔孟思想中以“克己修身”为要务的道德方法，是为了达至人的精神和谐，从而在根本上保证社会的和谐。

2.道家的和谐文化思想

在中国传统的和谐文化思想中,道家追求的是人与自然的和谐、人类万物的和谐,是“天人合一”。道家思想和儒家思想一起成为影响中国传统文化形成的最主要的思想资源。而道家思想和儒家思想被后人不断地结合和实践,构成了整个中国传统文化发展的精髓和脉络。

(1)绝圣去智,回归人性和谐。在面对分崩离析、纷争不断、生灵涂炭的社会现实时,以老子、庄子为代表的道家认为,其根源在于人类的知识化、智力化、文化化。在所谓圣人的教导下,人变得聪明了,于是就有了更多的欲望野心、更多的阴谋诡计。因此,要平息社会的纷争,恢复社会的平静和谐,只有把这些后天的社会化的因素去掉,回到人类初期的混沌状态,回到人的自然本性。老子说:“挫其锐,解其纷,和其光,同其尘。”庄子说:“夫赫胥氏之时,民居不知所为,行不知所之。含哺而熙,鼓腹而游,民能以此矣。及至圣人,屈折礼乐,以匡天下之形;悬跛仁义,以慰天下之心。而民乃始堤跛好知,争归于利,不可止也。此亦圣人之过也。”“故绝圣去智,大盗乃止。擿玉毁珠,小盗不起。焚符破玺,而民朴鄙。掊斗折衡,而民不争。殚天下之圣法,而民始可与论议。擢乱六律,铄绝竽瑟,塞瞽旷之耳,而天下始人含其聪矣。灭文章,散五采,胶离朱之目,天下始人含其明矣。毁绝钩绳而弃规矩,攦倕之指,而天下始人有其巧矣。”①

(2)封闭自洽,回归社会和谐。老子看到天下纷争常常是在一个大的社会环境中所发生的,如国与国之间,诸侯与诸侯之间,甚至是村社与村社之间,因此,道家所向往的另一理想的和谐社会是封闭自给的小型社会。“小国寡民”“鸡犬之声相闻,民老死不相往来”。给人们描绘了一个人与人之间“无欲”“无为”“无争”,彼此和谐相处、宽大为怀,人人“甘其食、美其服、安其居、乐

① 庄子.庄子·马蹄[M].长春:吉林文史出版社,第11页.

其俗”的理想社会。

(3)天人合一,回归自然和谐。老子提出:“人法地,地法天,天法道,道法自然。”道家认为,人主要要和自然界达成和谐一致,即“天地与我并生,而万物与我为一”的境界。“故至德之世,其行填填,其视颠颠。当是时也,山无蹊隧,泽无舟梁,万物群生,连属其乡。禽兽成群,草木遂长。是故禽兽可系羁而游,乌鹊之巢可攀援而窥。夫至德之世,同与禽兽居,族与万物并,恶乎知君子小人哉。”老庄所憧憬的和谐社会,是人类与自然的完全融洽,是整个宇宙的和谐。以此为基点,道家特别注重个人心身、或者是形神之间的关系,并希望通过领悟体验的方式找到人和自然最为契合和适应的境界。

3.墨家的和谐文化思想

墨家主张“兼爱”,并以“非攻”为途径,试图建立一个平等和谐的理想社会。墨家学说的创始人墨翟认为,当时的“大害”是国与国之间的战争、人与人之间的争夺。其之所以如此,他认为是由于人之不相爱。他主张国与国之间、人与人之间,都应该“兼相爱,交相利”。并且,墨子把“兼爱”的理想落实到了一些具体的事物上,他号召人们具体地实行相互帮助,“有力者疾以助人,有财者勉以分人,有道者劝以教人。”在互相帮助之下,“老而无妻子者,有所侍养,以终其寿;幼弱孤童之无父母者,有所放依,以长其身。”相对于儒家学说,墨子的思想更多的是站在下层人民的角度考虑,他所希望建立的和谐社会也是完全平等的社会。

(二)用和谐发展理念指导大学生思想政治教育

和谐社会是指民主法治、公平正义、诚信友爱、安定有序、人与自然和谐相处,充满活力的社会。构建社会主义和谐社会是一项系统工程,涉及社会的各个领域、各个方面。大学校园作为社会的一个重要组成部分,在为国家培养人才、引领社会发展方面担当着不可替代的作用。大学必须以建设社会主义和谐社会的要求作为校园文化建设的基本立足点,换言之,和谐校园就是民主法治、公平正义、诚信友爱、安定有序、人与自然和谐相处而又充满活力的校园。通过教育使大学生的理想信念、道德素质、科学文化等得以全面提高。通过和谐校园的建设,彻底改革大学生思想政治教育中不适应时代发展的需要、不适应学生成长的需要、不适应社会主义事业发展的需要的方式、方法,力求贴近实际、贴近生活、贴近学生,努力提高大学生思想政治教育的针对性、实效性和吸引力、感染力。要继承和发扬学校思想政治教育的优良传统,适应新形势,谋划建设和谐校园的新思路,开辟建设和谐校园的新途径。

二、自我教育的理念

(一)自我教育的内涵

自我教育是指作为个体的人,在成长过程中,既是教育的主体,也是教育的客体。每个个体置身于社会大环境中,都是逐步提高发展的,个体的发展是一个渐变的过程,同时是一个有目标的过程。这个目标是个体按照自己的实际情况来制订的,是一个自我认识、自我评价、自我调控,最终达到自我完善的有序过程。但同时,个体的自我教育过程并不是一项单独的个人行为,而是依存于一定的社会关系中,因而它又具有社会性。

(二)更新教育观念,促进大学生自我教育

大学生要具备自我教育的能力,要求教育者在教育实践中要通过多种途径主动帮助和激发大学生主体能力的构建。大学生要实现自我教育,充分发挥主体的能力,主要在以下几个方面着手。

第一,思想政治教育者要注重启发大学生的自我教育意识,引导他们通过自主的学习、自觉的参与以及反省、反思、自我思想

改造等自我修养途径，不断提高自己的思想道德水平。

第二，要打好坚实的理论基础。理论的学习是大学生思想政治教育中不可缺少的一环。理论教育法是思想政治教育最主要、最基本的方法，也是大学生打好理论基础最直接的方法。大学生只有具备坚实的理论基础，才能以正确的理论指引自己的行为，也才能在现实中明辨是非，为自己找准努力的方向。在当代复杂多变的社会生活面前，人们比以往任何时候更加需要科学的思想和理论来指导自己进行正确的选择和决策，以便更加有效地认识环境。

第三，要创造有利于大学生进行自我教育的条件，积极引导大学生进行自我教育。应当通过各种渠道和形式对大学生的自我教育活动予以支持、引导和帮助，鼓励大学生开展他们热爱的、健康的、有益的、丰富多彩的各种活动，使他们在活动中自我教育，相互影响。

要引导他们开展批评和自我批评，在严格的自我批评和与人为善的相互批评过程中，教育自己、教育别人、相互借鉴、共同提高。要吸收大学生参加学校的民主管理，组织大学生参加社会实践活动，使他们在民主生活和社会实践中得到锻炼，增长知识和才干，增强主人翁精神和社会责任感。要有计划地组织民主讨论，引导他们在民主的气氛中各抒己见、交流思想，坚持真理、修正错误，集思广益、互得益彰。

第四，树立成功的榜样是大学生自我教育的一个有效途径。榜样示范法是指通过具有典型、榜样意义的人或事的示范引导作用，教育人们提高思想认识、规范自身行为的方法。榜样教育具有形象、生动的特点，它是理论与实际的有机结合。大学生用榜样的力量激励自己，在心中树立成功的典范，为自己指明努力的方向，会产生更强的感染力和说服力，在自我教育中收到很好的效果。通过典型事迹可以使大学生看到榜样的成功之处，明确努力方向，从而努力奋斗，在改造客观世界的过程中全面提升自己的思想道德素质。

必须实事求是地选择对自己有影响力的典型，否则难以真正从思想到行动上得到认同，也起不到典型引导的作用。

三、动态开放的理念

随着社会主义市场经济的发展，在计划经济条件下形成的思想政治教育观念已不能适应新形势的需要，在实践中禁锢了我们对思想政治教育工作的创新。从高等院校的情况来看，思想政治教育工作不同程度地存在着短期行为、孤立行为、务虚行为、信念模糊等问题。这些问题观念难以适应形势发展变化的新要求。要改变这种现状，我们必须创新思想观念，树立起动态开放的新观念，牢固树立全球意识、服务意识、现代意识，才能不断提高新世纪大学生思想政治教育工作的实效性。

（一）全球意识

全球意识是相对民族意识而言的，是指国民对跨国事务或国际事务的认识、了解和情感，是人们世界观的一种体现，表现为一个国家的公民或者社会团体在看待本国与他国的交往、本国与他国之间关系的发展及整个国际形势发展状况时所表现出来的敏锐度、关注度及其了解的深度。全球意识不仅是一种思想认识，而且是一种情感和价值取向。能否用开放的心态，平等，公正、宽容地对待和尊重世界各国、各地区、各民族的文化传统，能否积极、平和、理性地参与国际活动，是否具有国际竞争的高品质思维能力，这些要素是构成全球意识的重要内容。

培养全球意识是当前思想政治教育创新的新主题。培养全球意识有助于调整思想政治教育理念，与时俱进地完善培养目标，及时变革教学内容，进一步深化思想政治教育教学改革。

培养全球意识对于加快中国走向世界、世界走向中国的步伐，继续坚持对外开放的基本国策具有重要意义。具有全球意识的高素质人才支撑是继续坚持对外开放的重要保证。

培养全球意识，一是要培养执着关注全球问题的精神；二是要培养观察分析问题时的国际视野，既要立足中国看世界，也要站在世界看中国；三是要培养解决问题时的宏观思维，既要学习借鉴外国经验，又不能崇洋媚外；四是要培养遵守国际通行的基本规则的习惯。

（二）现代意识

思想是行动的先导，思想的闪电一旦贯穿人们的头脑，就会激发出强大的驱动力和创造力。我们生活在现代社会，生活在充满希望和挑战的21世纪，世界新的科技革命风起云涌，经济全球化进程大大加速，现代化浪潮席卷全球，低碳经济、知识经济正在深刻地影响我们的生产方式和生活方式，全世界正在进行经济发展方式的深刻变革，我们的思想意识必须紧跟时代，具有鲜明的时代气息。现代意识是现代人必须具备的思想意识。何为现代意识学界目前尚无一致看法。我们认为现代意识必须包括两方面的内涵：第一，体现时代性。现代意识是动态的，是变化发展、与时俱进的思想意识，是反映时代发展、社会进步和培养高素质创新人才的需要。第二，具有进步性。现代意识是与传统意识相对应的，必须有利于促进社会生产力的发展，当前就是符合科学发展观、适应市场经济发展要求、反映知识经济和低碳经济发展潮流的思想观念和意识，如效能意识、资源意识、环保意识、科技意识、创新意识、金融意识等等。强化现代意识，必须以科学发展观为统领。大学生思想政治教育要坚持科学发展观的指导，必须坚持以人为本的思想，转变教育思想和教育观念，重视学生的主体性地位，把实现学生全面发展、满足学生成长成才的需要定位为思想政治教育的目标。坚持全面发展的思想，处理好理论学习与社会实践的关系，促进学生身体、心理、科学文化以及思想政治素质全面发展。坚持协调发展的思想，协调好环境与育人的关系，牢固树立全员育人、全方位育人、全过程育人的观念。坚持可持续发展的思想，建立健全科学、合理的大学生思想政治教育机制,形成德与智统一、教与育统一、校内外统一、传统与时代统一的思想教育新格局。坚持统筹兼顾的思想,全面管理各类思想政治教育资源,努力建设和谐校园。

第二节 大学生思想政治教育的原则创新

进入21世纪,随着社会主义市场经济不断发展、完善,改革开放不断深入,经济社会生活多元化发展,各种文化和社会思潮激烈交流与碰撞,学生观念也会呈现多元化发展态势。除了传统的大学生思想政治教育原则之外,还有一些由自身工作的对象、特点、任务和规律所决定的原则,也是我们应该坚持的。因此,大学生思想政治教育必须适应这一变化的形势,跟上时代、贴近实际,及时调整、创新工作思路。

一、以人为本原则

以人为本,是指在思想政治教育工作实践中,高校各级领导干部和思想政治教育工作者,在制订规章制度、日常管理和改进传统工作方法的同时,要坚持一切从大学生的合理需要、个性发展出发,调动和激发大学生学习和科研的积极性与创造性,以德智体美劳的全面发展为目的的一种理念。

(一)坚持以人为本原则是时代发展的需要

1. 以人为本是社会主义市场经济发展的要求

市场经济是一种高效的经济运行方式,且是社会发展不可逾越的历史阶段,它推动了人类社会生活的革命性变化,并从更根本、更广阔的意义上促进了人的生成与发展。由计划经济向社会主义市场经济的体制转型是我国社会转型发展的根本标志,在这一过程中，人的经济活动方式与经济交往关系发生了根本变化，并使得其他一切活动及其关系随之发生相应的深刻改变，社会整体结构在变化中发生一系列现代改铸，而身处一定社会结构与社会关系中的人，其生存方式、发展方式、内在品格更是发生了深刻的现代重塑。

我国社会主义市场经济体制的发展，由于历史的原因、观念层面滞后因素的重重阻滞而走过了曲折的发展历程。从 1978 年“计划经济和市场经济相结合”说法的提出；到 1982 年“计划经济为主，市场经济为辅”原则的确立；到 1987 年的“计划与市场内在统一”新体制的建构；再到 1992 年“建立社会主义市场经济体制”发展目标的正式明确，一直到现在，我国社会主义市场经济体制的建设仍然在摸索中逐步行进和完善。我国有漫长的封建时期，我国社会及人的发展模式主要以小农生产为主的自然经济为基础而建构，新中国成立后，高度集中的计划经济体制又为社会的发展、人的发展设置了种种禁锢，社会主义市场经济在新时期的发展和完善无疑会对中国社会的发展、人的发展带来了强大的冲击，广泛的现代性发展元素，为人的发展的根本性现代转型奠定了坚实的现实基础。

社会主义市场经济体制孕育出的人的独立性、自主性，最初表现于经济活动的主体以及经济活动的领域，并由实践活动领域向主观意识领域进一步强化，促使人的深层次的主体自我意识、平等竞争意识、独立自主意识、责任意识的发展。观念意识层面的这种深层次的变化又将推动着人的独立、自主的实践、选择活动由经济领域延伸至社会活动的方方面面，并超越经济活动主体的范围而使更普遍意义上的人的思维方式、实践方式、发展方式发生历史性的变化，从意识内化到行为外化两个层面真正促使普遍意义上的独立个体在市场经济体制条件下的生成和发展。

社会主义市场经济体制的深化发展，各项制度、规则的日益完善一方面在社会发展的各个领域营造出公平竞争、自主抉择、自担责任的责权利分明的发展环境；另一方面在最广泛的层面上促进了独立个人在我国的生成与发展,不仅仅是在市场行为当中,在一切社会活动当中,独立的个人都有以主体的身份自主选择和自主发展的客观要求。因此,尊重人的独立性、自主性,给予人更广阔的自由空间与更全面的自主选择机会,这是市场经济发展对人才培养所提出的基本要求。伴随着社会主义市场经济体制的深化发展,为适应市场经济对人的发展要求,满足市场经济独立主体自主、公平参与竞争的发展需要,教育要逐步走向市场,人才培养模式也要打破计划经济体制之下,无视学生的主体性、自主性的“包办式”的教育管理模式,逐步建立起学生自主参与、自主管理的发展模式,从专业发展方向,到教育内容、方式的选择;从生活、学习方面的自主管理,到就业及未来发展方向的自主取向,自主型的教育管理模式把学生视为独立的主体,赋予了他们更多的自主权、选择权、自由权。

2.以人为本是社会文化多元化的诉求

文化是人的本质、人的发展的体现。人是文明与文化的最终目的,文化则是人与文明的丰富内容与存在方式,人及其文明的丰富性、多样性和整体性,都是以文化的方式形成和存在的。我国的改革开放为多元文化的交汇融合提供了前提条件。发展过程当中开放程度与广度的拓宽,市场化改革的全方位深入,特别是中国加入WTO,都表明我国的发展逐步步入国际化、全球化的轨道,多元文化并存发展是不可回避的历史趋势。多元文化是一把“双刃剑”,它一方面动摇了西方霸权文化的中心地位、绝对的话语权地位,促进了世界文化的平等对话与交流,文化的多样性与差异性为社会的发展、人的发展提供了更丰富的资源,开创了更广阔的空间,对文化、社会和人本身有着积极的不可替代的作用。另一方面多元文化必然对主导文化构成某种程度的威胁,多元文化的冲突与纷争实质上体现了代表不同文化内核的价值观念的矛盾与对立,它在一定程度上对于文化的发展、社会的发展、人的发展是一种离心力,起到削弱主导文化、民族文化凝聚力的负面作用。因此，在多元文化并存发展的时代更加需要以科学的方式和手段强化主导文化的指导地位，坚持文化多样化发展与文化一元化主导的辩证统一。

文化的发展凝结着人的发展，文化发展的过程实际上就是人的本质力量提升，人的自我发展、完善的过程。真正的文化代表着人的一种独特的生活方式，有着独特的地位与价值内核，它们通过器物形态、制度形态尤其是观念形态一代一代地传承。随着全球化趋势的不断发展，社会生产力水平不断提高，科技和文化日益强盛，不同地域之间文化相互交流的机会日渐增多，异质文化间的碰撞、交流、冲突、融合已然成势，蔚为壮观。文化多元化已经成为并正越来越成为开展大学生思想政治教育必须面对的客观现实。多元文化的并存发展赋予了人更自主的文化取向权，让人的生存状态更自由、更完善，生活空间更广阔，但是这些正向效应的取得必须要以坚持主导文化的指导地位为前提和基础，以个体相当程度的理性判断和选择能力的发展为条件；多元文化的自由与开放反过来又为主导文化的发展注入了活力与动力，为人的判断与选择能力的提升提供了有利的契机。

每一种文化都是特定文明的历史积淀，都有其合理性的价值内核与独特的文化魅力，但也有其不可避免的局限性乃至反社会的错误性。只有在个体理性地洞察多元文化的内在本质，作出合理的文化价值取向的基础上，才能够积极地参与文化的创造与发展，融合多元文化之精髓及合理内核，真正推动社会主义先进文化的建设和发展。

（二）以人为本原则的具体要求

大学生思想政治教育“以学生为本”，就是在对大学生的教育、服务和管理中，紧紧围绕大学生成长成才这个中心，承认并尊重大学生的主体地位，把满足大学生的成长成才需要作为大学生思想政治教育的价值取向，把促进大学生的全面发展作为高校工作的出发点和归宿。落实到具体实践中，就是在各项思想政治教育活动中要体现出维护大学生主体地位的自觉性和能动性。

第一,思想政治教育有其自身的性质、目标、特定对象和独特方法,这些要素及其相互关系构成了思想政治教育的基本规律。思想政治教育要以党的中心任务为宗旨,立足于大学生的身心发展特点,体现大学生的主体地位,发挥大学生的主体作用;要依靠大学生思想政治教育工作者、大学生党员和大学生干部,认真抓好班级建设、社团建设、公寓建设和校园文化建设;要以校风、学风、作风建设为龙头,以大学生活动为载体,搭建大学生成长平台,促进大学生成才与实现其个人价值;等等。

第二,从管理方式上来讲,大学生思想政治教育要坚持德法兼治的管理模式。大学生应该坚持以规章制度为基础,大力弘扬道德的约束力,为大学生的和谐发展打下良好的基础。我党和国家的教育方针要求高校培养德、智、体全面发展的社会主义建设者和接班人。根据这个培养目标,在大学生思想政治教育中应该坚持德育为首,依靠思想政治教育工作者的高尚品德感化人;同时,还要能用德治创造学校优秀的校园文化环境,形成优良的校风陶冶人。

二、包容性与批判性相统一原则

当今在全球化、文化多元化的时代影响下,需要大学生思想政治教育有一个要包容的态度,培养学生的包容品质。

大学生思想政治教育中,教师要坚持包容多样,同时还要对学生进行包容多样的教育。坚持包容多样的原则,对学生进行包容多样的教育,教师要意识到、做到并引导学生意识到、做到:

(1)包容多样的前提和基础是坚持社会主义核心价值体系。

(2)被包容的对象应是健康的、有益的思想、行为,符合公共道德和法律的思想与行为。

(3)包容多样是有原则的、有限度的。放弃原则、没有限度的包容就是纵容。对危害他人的生存、自由、权利与尊严的行为,对违反公共道德、违反法律的行为绝不能包容。

但是,包容多样并不意味着不论是非、不辨善恶、不分美丑。在大学思想政治教育中,在坚持包容多样的同时,教师还必须坚持马克思主义的批判精神,在多元社会思潮的背景下,批判主要包括两个方面。其一,对社会不合理现象的揭露和抵制。应高举马克思主义的批判大旗,对各种假恶丑的东西,对腐朽没落、违背社会发展规律的东西,对貌似合理但实则大谬不然的东西进行旗帜鲜明的揭露和批判。引导学生分清是非、善恶、美丑,弘扬真善美、鞭挞假恶丑,让正气成为社会的主流。其二,对不合理的理论及意识形态的批判。一些错误的社会思潮打着多元化的旗号公开登场,拜金主义、享乐主义、极端个人主义潜滋暗长,有些人甚至为这些错误的思想大唱赞歌,以这些错误思想与社会主流的价值观叫板,对抗、弱化社会主流价值观,搞乱了一些人的思想。对这些错误的思想观点绝不能包容,必须进行坚决的批判,引导学生正确处理荣与辱、苦与乐、成功与失败、劳动与享乐、个人与社会、个人与他人、物质满足与精神追求等关系,不能让拜金主义、享乐主义、极端个人主义思想泛滥。

批判需要坚持以下几条原则:一是批判必须站在马克思主义的立场上,运用马克思主义的观点和方法;二是不能为了批判而批判。要明确批判的目的是为了发现真理,为了分清是非、善恶、美丑,在批判落后的、丑恶的社会现象时,为合理的、新生事物的成长开辟道路;三是批判应是科学的批判,是扬弃。社会思潮是比较复杂的,一些社会思潮中往往既有健康有益的成分,也有消极、落后,甚至错误、腐朽的因素。因此,批判不是盲目笼统地否定,在批判中要对这些进行具体分析,肯定其合理成分,否定其错误的东西;四是批判要坚持实事求是,有理有据,摆事实、讲道理,避免无限上纲、打棍子、扣帽子,既不能是愤世嫉俗的感慨,也不能是空洞无物的口号,要让学生口服心服;五是既要进行理论的批判,也要进行实践的批判。批判的武器不能代替武器的批判。要让理论的批判成为实践的批判的先导,指导学生参与改变不合理的社会现实、减少不合理的社会现象的活动,促进社会的和谐。

在大学生思想政治教育中要把包容与批判有机统一起来。只包容,而不批判,就会使腐朽、没落的东西滋生蔓延,导致学生分不清是非、善恶、美丑,思想出现混乱。只批判,不包容多样,就会导致专制,导致学生思想观念的僵化。

三、长期性原则

长期性原则是指大学生思想政治教育要有连续性,持续不断地进行。从哲学角度看,世界的无限性决定了人对世界的认识的无限性,由于主客观等方面的原因,人对世界的认识又是反复的,在反复中不断深化的,人的认识活动具有反复性和无限性。因此,大学生思想政治教育要坚持长期性原则,这要从校内、校外两个领域来贯彻。

在校内领域看,高校开设的思想政治教育课程承载着大学生思想政治教育的任务,在大学不同年级都设置着不同的思想政治教育课。从课程表上看,这些课程占据了大学生相当多的受教育时间。问题在于,在校内坚持大学生思想政治教育的长期性原则,不仅仅是要求每一学期都要有大学生思想政治教育课程,更关键的是各门课程要有内在的连贯性,要根据科学规律在每个不同的阶段有重点地进行恰当的马克思主义信仰教育,内容要环环相扣并且丰富多彩,只有这样,大学生才可能在有限时间里接受到连续的、稳定的、多样的、有效的思想政治教育。

从校外领域看,对于大学生来说,刚刚离开学校进入社会的那个时期非常关键,他的思想观念必然会随着社会和生活的变化而发生一定的变化。贯彻大学生思想政治教育的长期性原则就是要认识到其教育过程是一个循环往复的、无限的过程,全社会都要树立终身教育的理念。具体来说,政府相关部门有必要成立各种正式组织和非正式的组织,为进入社会的个人提供多样化的、便利的进一步学习、交流、巩固、践行思想政治教育的平台,在这些平台上不仅要提供与主流价值观相一致的精神主餐大菜，也要提供各种口味的风味精神小食，营造亲切、温馨的可以自由交流、自由分享各自对思想政治教育的体会的社会大环境，这样的组织、机制或活动可以使得大学生即使在离开学校之后，思想政治教育也还能够进行。

第三节　大学生思想政治教育的方法创新

要做好大学生思想政治教育工作，顺利地完成大学生思想政治教育任务，需要正确的掌握和运用大学生思想政治教育的实施方法。

一、对我国古代传统思想教育方法的借鉴

方法的发展是历史继承性与现实创造性相统一的过程，继承是方法发展的起点和重要方式，大学生思想政治教育方法的发展也是如此。我国自古以来就是一个注重道德教化、崇尚德治的国家，统治思想与伦理道德规范是合二为一的。古代在道德教化长期实践中创造积累的体现思想道德教育规律的方法，是大学生思想政治教育可资借鉴的。

（一）“默化”方法

“默化”的方式属隐性的思想道德教育方法，其主要特点是通过文以载道、大众化和心理感化，将道德要求渗透和贯穿于大众生产、生活和精神文化需要满足的过程之中，主要有以下几种方法。

1. 识文默化

文者，传道、授知之体，是提升人们智慧与素质的重要条件。

人们为了实现自己在社会生活中的预期,必须要学习一定的文化知识,即识文也。识文默化就是利用人们学习文化知识的活动来达到用统治思想潜移默化目的的道德教育方法。这里的“文”指的是为满足社会大众生活和交往沟通需要所编写的基础性普及性文化读物。识字的书,练习书法的帖,以及为满足大众精神文化需要的大众文化产品,如诗歌、传奇、曲艺等文艺作品。识文默化方法最典型的载体就是《三字经》。在朗朗上口的阅读、背诵和书写的识字过程中,文句中包含的儒家思想和基本的为国、为家、为人以及处事、处世之道德要求,也为幼童理解、记忆并认同。此外,统治阶级还通过编写大量的益智性普及读物,如《增广贤文》《菜根谭》《唐诗三百首》等等,将儒家伦理思想大众化了,实现“文以载道”,进而潜移默化地影响读书人的思想和观念。这种识文默化的方法,在古代社会中是非常重要并普遍使用的一种典型的“以文化人”的道德教育方法。

2. 风俗感化

风俗是指一定地域或社会群体所长期遵循的风俗习惯,是人们日常的生活性的行为规范,它是由一系列的规矩、习惯和准则组成的,包含着群体长期共同生活所积累的经验和感情,是与每一个人的现实生活直接相连的。风俗感化是将统治者所倡导的思想、制度和规章转化成乡约民俗,从而使民众在人际交往和日常生活中养成符合封建思想道德要求的价值体系和行为习惯。这种方法在具体运用上主要表现为三个方面。第一,针对群众生产、生活和精神文化活动的需要设定符合儒家道德要求的基本的礼仪规范,通过生活实践,使其逐渐养成在生产、消费、节庆和婚丧嫁娶中的一定礼俗,将社会的主导道德价值观念转化成民俗文化。第二,制定乡规民约、家规族规。第三,设置地方官专职教化,树立道德典范。风俗感化在无声之中感染、打动和改变人的内心情感,从而使人们的思想态度发生转变,达到默化人的目的。

3. 示范身化

示范身化是不言之教，是指施教者通过在日常生活中率先践行儒家伦理道德规范来对教化对象进行无声影响的方法。儒家，当然也包括其他学派，都是非常重视示范身化机制的，强调教育者以身作则，率先垂范。孔子认为道德教育的真谛在于“其身正，不令而行；其身不正，虽令不从。”①示范身化是一种以自身的德行感化人，以自身的德行说服人，以自身的德行引导人的不言之法。其传统已经融入国人的社会文化心理之中。示范身化具有一种自然的感召力，可以化解人们对教化内容和要求的排斥心理，使社会大众在不知不觉中受到影响并发生内在心理的改变。

（二）“修养”方法

修养也即修身，是指在无外力要求的条件下，自己对自己的德行和德性进行培养和完善，以达到“内圣”的自觉过程。在古代道德教育方法中修身方法占据着“为本”的地位。需要指出的是，由于受到时代和封建思想的制约，古代提倡的修身方法中有一些方法过分强调个人内在心性的作用，而忽视外在的教育和监督力量，滑向了唯心主义，以致因不可能实现而不被后人称为“伪善”之法。以下几类是被道德内化规律理论证实的、切实可行、行之有效的修身方法。

1. 志道与弘毅

“志道”与“弘毅”是儒家文化非常看重的修身方法。“志道”中的“志”是立志的意思，修身首先要立志，要有一个明确的目标指向（志向），而这个“志”，必须要指向儒家思想的核心价值“道”。“道”在儒家的思想体系中的核心范畴是“仁”“义”，所以“志道”就是志仁、志义，就是首先要立下遵循“仁”与“义”的道德要求，行事

① 论语·子路

做人的志向。古代道德教育家认为,一个人只有从内心认同并崇尚“仁义”的道德要求和人格品质,并以此为指向立下高尚的修养目标,才能使修身有正确的方向和不懈的动力,否则就无所谓修养。所以“志道”是修身的根本出发点。“弘毅”,就是要培养自己的坚强毅力,弘扬不怕困难和挫折、勇往直前的精神,为实现确定的目标,发奋不已。志道和弘毅强调了确立正确高尚的修养目标和树立坚韧不拔的毅力在修身过程中的首要地位和重要作用。

2.好学与自省

儒家思想认为要完善和提高自身的德行必须“敏而好学”[①],将“学而时习之”当做不断提高自身智慧和道德境界的基本方法,当作人生一大乐事。在学的基础上,儒家思想家还特别强调自省(内省)在道德修养中的重要作用。孔子说“见贤思齐焉,见不贤而自省也”[②],要求自己和学生以他人行为为镜,遇到德才兼备的人要以其为榜样,向其学习,努力赶上,遇到不贤良的人要对照自己加以检查,时时反省自己在“仁”和“礼”方面做得怎样。

3.践履笃行

在古代人的道德修养中,践履笃行是被高度重视的方法。早在春秋时代,孔子就提出要以道德行为来衡量人的道德品质的主张,他指出“始吾于人也,听其言而信其行;近吾于人也,听其言而观其行。”[③]认为品德高尚的君子应是“讷于言而敏于行”,“耻其言过其行”。荀子积极主张“强学力行”,在知与行的关系上,他特别重视行,认为行比知更为重要。古代践履笃行的修身方法,强调将习得的道德理念用于实践,见之于行动,在行动中更深刻地去体会道德的意蕴,符合知行相促的规律,有助于人们在道德行动

① 论语·里仁第四

② 论语·里仁第四

③ 论语·公治长第五

中改造主观心性,逐步实现道德修养的目的。

4.慎独与存善

修身的最重要问题就是要能抵御和排除环境和生活中的各种诱惑和干扰,保持道德心的不断向善。古代慎独与存善的修养方法就是针对此提出的。慎独,是指“慎其独处之所为”,即在自己独处而无人监督的情况下也要自觉地考虑做有道德的行为。儒家的经典《大学》开宗明义就提出了“君子必慎其独也”[①]的主张,并将其当做“人德之方”,认为一个人只要按照慎独的要求去做,就可以“内无忧患,外无畏惧,独立不惭影,独寝不愧衾,上可接神明,下可固人伦。”[②]存善,是一种强调从小事做起、积善成德的方法。儒家认为人都有善良之心,但易在外部环境不良因素的干扰和诱惑下丢失,必须从小事做起,通过点点滴滴的积累来达到善的境界。

二、对中国共产党思想政治教育方法的借鉴

在革命和建设时期,我党的教育者在复杂的思想政治教育实践中积极探索,积累了丰富多样的思想政治教育工作方法。其中一些方法,集中体现了思想政治教育的基本规律,被广泛运用于各类不同群体。这些基本方法中的基本的方式和程序,不因时间的变化和对象的变化而发生根本性的改变,在工作方法体系中占据主干的位置。这些也是当代大学生思想政治教育可以借鉴的。

1.宣传教育方法

通过各种文化形式和人际传播方式向广大群众进行党的性质、纲领和不同时期的路线、方针、政策的宣传教育,是革命和建

---

① 大学·大学之道

② 刘子新论·慎独

设时期党引导广大人民认识和理解中国共产党的政治主张、积极参与党领导反帝反封建和社会主义建设活动的主要方法。这一方法为新民主主义革命和社会主义建设时期的政治动员发挥了重要作用。其主要的宣传方式有:首先,利用报刊、杂志等传统媒体进行革命的宣传。其次,开办专门的培训学校。利用学校进一步扩大马克思主义的传播并宣传党的思想和主张。宣传教育法是党在革命和社会主义建设时期思想政治教育方法中最基本、最重要的教育方法,是占领思想阵地、影响群众思想认识的主要手段,最能体现党在革命和社会主义建设时期思想政治教育的特点。在当代社会大众传播媒介和 4G 通信网络快速发展的环境下,如何在继承宣传教育方法优良传统的基础上,探索宣传教育法的新方式,提高其宣传影响效果,是当代大学生思想政治教育方法发展的重要问题。

2. 批评与自我批评的方法

批评与自我批评方法是针对存在问题提出意见并加以改正的纠错方法。批评主要通过指出缺点,分析产生的原因并提出改进的意见,说明带来的危害,进而引起当事人对错误思想和行为的警觉并督促其改正的方法;自我批评,是自觉公开自己的缺点,分析其产生的原因,并提醒自己纠正错误的自我意识方法。这种方法主要用于解决党在思想路线、军队上、正确处理人民内部矛盾上所遇到的问题。在当代继续发扬批评与自我批评的方法,对于加强大学生党的建设,增强党的团结,保持党的先进性和纯洁性具有重要作用。

3. 情理结合的说服方法

情理结合的说服方法是根据人的思想意识发展的一般规律形成的思想教育方法。其基本操作方式是,通过平等双向的沟通,向教育对象提供相关问题的客观而丰富信息,让教育对象知晓问题的真实状况,同时辅之以关心、关爱之情,使教育对象从理和情的结合上，心悦诚服地接受思想教育的内容，形成与思想教育要求一致的意识倾向和行为动机。在当代，情理结合的说服教育方法对于强化思想政治教育的正面效果，提高大学生的思想认识，启发思想自觉，仍然发挥着重要的作用。

4.榜样示范方法

在群众中发现先进、用模范人物引领人们思想和行为方向的方法是党的思想政治工作一贯坚持的传统方法。第一，党员、领导干部以身作则，发挥模范带头作用。第二，通过平民中涌现出的先进模范来进行思想政治教育。榜样示范法，一直是我党进行思想政治教育的优良传统。抓典型，树榜样，通过榜样的示范和宣传作用，不断提高人们的思想觉悟和道德品质，营造良好的社会风尚，为促进全民共同进步提供强大的精神支撑。这些正面模范和英雄事迹对整个社会形成积极向上的氛围产生了巨大的号召力和鼓舞力。

三、大学生思想政治教育方法的当代创新

“以人为本”的教育理念要求我们要注重人文关怀与心理疏导，在感动与共鸣中对大学生进行思想政治教育。

（一）注重人文关怀与心理疏导的依据

人文关怀是对人的生存状况的关怀，是对人的尊严与符合人性的生活条件的肯定，要求关注人的生存与发展，关心人、爱护人、尊重人。心理疏导是通过解释、说明、支持、同情以及理解，运用语言和非语言的交流方式，影响对方的心理状态，从而达到降低心理压力、促进人格健康、实现协调发展的目的过程。人文关怀和心理疏导是党的指导思想在大学生思想政治教育中的重要体现。十八大报告强调，加强和改进思想政治工作，要注重人文关怀和心理疏导。大学生思想政治教育是复杂的灵魂塑造工程，

既要系统地进行大学生思想政治教育,又要关注当代大学生的心理世界。注重人文关怀与心理疏导,是新形势下大学生思想政治教育的必然要求。

1.是大学生思想政治教育自身性质的要求

思想政治教育以人为对象,以思想观念为内容,不仅要包含人的思想、观念、意识,而且涉及人的生理、情感、兴趣、家庭、环境和社会生活等各个方面。对大学生的教育必须以尊重其主体性为基础,一切教育影响和教育措施都必须由学生内化,才能贯彻其内在本质力量。从教育对象主体看,大学生的不完全成熟与强烈追求自主性之间的矛盾,需要外界给予人文关怀与心理疏导,以帮助他们正确地选择自己的追求目标。从沟通过程看,富有情感的人文关怀与心理疏导最容易让教师走入大学生内心深处,感动大学生,塑造大学生,促进教育目标的实现。

2.是联系大学生实际情况的需要

随着社会的进步,人民生活水平的提高,人们工作和生活节奏的明显加快,竞争的日趋激烈,导致人们生活和工作的压力增大,由此引发的思想问题及其社会问题也日益突出。大学生的特点又决定了这个群体难以正面面对纷繁复杂的经济、政治、文化背景,面对众多的思想包袱和心理困难,只有注重人文关怀,给大学生以更多的指导、正确的引导和及时的心理疏导,才能帮助他们又好又快地成长与发展,帮助他们形成正确的人生观和价值观。

3.是增强大学生价值观教育实效性的需要

大学生思想政治教育的实效性与其针对性、情感性、前瞻性、系统性密切相关,而后四者又同人文关怀和心理疏导的方法密切相关。“针对性”要求教育者要有的放矢,把讲道理与解决实际问题结合起来,把大学生思想热点问题作为教育的切入点和着力点。“情感性”要求思想政治教育要有“人情味”，以情感人，而人文关怀正是大学生思想政治教育情感性的体现。“前瞻性”要求教育者关注大学生的心理动态，把握大学生心理变化，提前予以引导与疏导，把问题解决在萌芽状态。“系统性”要求大学生思想政治教育要从多角度、多层面做好工作，尤其要注重以润物细无声的方式解决大学生的思想心理问题。

（二）注重人文关怀与心理疏导的努力途径

在实践中，实施人文关怀与心理疏导的方法，需要从以下几个方面做出努力。

1.关注大学生的心理状况，满足大学生多方面的需求

推进当代大学生思想政治教育工作，要关注大学生的感受。要引导他们提高精神境界，完善自我人格，把实现自身价值与他人价值的实现、社会价值的实现统一起来，最大限度地消除引发大学生心理失衡、失调的外部诱因，使之在心理健康的基础上成才。这就要求教育者做工作要平易近人，避免以居高临下的姿态，使学生和教师产生距离和隔阂。教师提高自身人文素养，将心比心，换位思考，以平等的姿态与学生交流，建立起民主平等、团结友爱的师生关系。在大学生思想政治教育中实施人文关怀和心理疏导，教师还要讲究工作策略，注重语言艺术，既讲原则，又讲情理，让学生感觉如沐春风。

2.注重对大学生的心理疏导，开展心理咨询和心理健康教育

心理疏导能够缓解人的心理压力，平衡人的心态，提升人的心理适应能力，以润物无声、潜移默化的方式促进大学生人格健康发展。在人与人关系上，应引导大学生树立合理竞争、共同发展的理念，形成男女平等、尊老爱幼、互爱互助、见义勇为的风尚。在开展心理咨询与心理健康教育的同时，要利用好各种有效载体，着力丰富校园文化生活，满足大学生的精神文化需求。要充

分发挥文学艺术陶冶情操、愉悦身心的独特功能,调节大学生的情感和心理,消除他们的忧郁感、孤独感、失落感等不良情绪。

3. 完善机制,使人文关怀和心理疏导成为当代大学生思想政治教育的常规方法

新形势下,要注重完善大学生心理疏导、调适与平衡的工作体系,避免不良因素累积,引导大学生心态良性变化,帮助他们在潜移默化中达到心理和谐。要通过对认知、情感、动机和态度诸环节的心理调节,真正提高大学生的心理承受能力,激发他们内在的心理潜力。同时,要注意给大学生进行心灵充电,关注他们的心理健康。要在各种组织内部建立健全人文关怀机制,加强老师与学生、同学与同学之间的沟通,把思想情绪和心理健康方面的问题解决在平时,避免大量累积。要加强心理监测、评估和预警,设立心理健康教育课,设立专门的心理咨询室,并确定具体的考核目标。要明确要求教师在课堂上尤其是思想政治理论课堂上重视人文关怀和心理疏导,要求辅导员与各级学生管理部门工作人员充分运用人文关怀和心理疏导的方法开展学生工作,把人文关怀与心理疏导贯穿、渗透于当代大学生思想政治教育的全过程。

第四章　大学生思想政治教育的内容整合

大学生思想政治教育的内容是实现大学生思想政治教育目标，提高大学生思想道德的中介，必须解放思想，与时俱进，对大学生思想政治教育内容体系进行研究。

第一节　社会主义核心价值体系教育

核心价值体系教育内容要与更好地实现大学生核心价值体系教育目标相适应、相统一。用核心价值体系内容教育引导大学生可以使之自觉地将自身的发展与中国特色社会主义事业的发展结合起来，实现人生价值与社会价值。

一、灵魂——马克思主义指导思想教育

在社会主义核心价值体系的基本内容构成方面，马克思主义指导思想是其灵魂。所谓“灵魂”，是起指导和决定作用的因素，这种因素作为事物内在的支配力量，决定着事物的性质和方向。马克思主义指导思想之所以是社会主义核心价值体系的灵魂，是因为它为社会主义核心价值体系提供了理论基础，为社会主义核心价值体系提供了根本立场、观点和方法，决定着社会主义核心价值体系的根本性质和发展方向。

（一）马克思主义指导思想的内涵

马克思主义指导思想是我们立党立国的根本指导思想，是社

会主义意识形态的旗帜和灵魂,是全党全国人民团结奋斗的思想基础。马克思主义深刻揭示了人类历史的发展规律,以解放全人类为己任,为人类的进步和解放指明了正确的方向,是工人阶级和广大人民群众解放自身的强大的思想武器,具有与时俱进的理论品格和持久的生命力,是人们认识世界和改造世界的科学理论体系。它的内容涵盖了政治、经济、文化、军事、历史、社会生活、人类发展等诸多领域。广义上的马克思主义,不仅包括马克思、恩格斯创立的基本理论、基本立场、基本观点和学说的体系,也包括马克思主义的普遍真理与各国具体实际相结合所诞生的新的理论成果,即发展了的马克思主义。中国共产党从成立开始,就是以马克思主义为指导思想的无产阶级政党。中国共产党坚持把马克思主义基本原理同中国具体实际紧密结合,从而形成了包括毛泽东思想和中国特色社会主义理论体系在内的马克思主义中国化的理论成果。这些理论成果和马克思主义理论是一脉相承又与时俱进的,是中国化的马克思主义,为马克思主义理论宝库增添了新的内容,进一步丰富和发展了马克思主义。马克思主义是严密而完整的科学思想体系,由马克思主义哲学、马克思主义政治经济学和科学社会主义三个不可或缺的部分组成。

(二)毫不动摇地坚持马克思主义指导思想

1.坚持马克思主义在哲学社会科学领域中的指导地位

2004年1月,中共中央颁布了哲学社会科学的指导性文件《中共中央关于进一步繁荣发展哲学社会科学的意见中发[2004]3号》,意见强调:“繁荣发展哲学社会科学必须坚持马克思主义的指导地位。马克思主义揭示了人类社会历史发展的规律,是我们认识世界、改造世界的强大理论武器。坚持以马克思主义、毛泽东思想、邓小平理论、‘三个代表’重要思想和科学发展观为指导,是我国哲学社会科学沿着正确方向发展的根本保证。”哲学社会科学具有鲜明的意识形态性,必须明确坚持什么方向。随着经济社会的变革，哲学社会科学领域显示出强大的生机和活力，在指导意识形态上呈现出多样化趋势，多元文化相互激荡，除马克思主义之外的多种的思想意识有所滋长。这就要求哲学社会科学领域必须在政治上保持清醒和坚定，始终坚持马克思主义的指导地位。江泽民指出："在社会科学理论方面，你可以有这样或那样的观点，但有一条是不能变的，是要统一的，就是都要用马克思主义的立场、观点、方法观察问题。"

2. 坚持马克思主义在建设社会主义和谐社会中的指导地位

2005年2月，胡锦涛明确指出社会主义和谐社会建设的含义，"我们所要建设的社会主义和谐社会，应该是民主法治、公平正义、诚信友爱、充满活力、安定有序、人与自然和谐相处的社会。"构建社会主义和谐社会是我国社会发展稳定的需要，是开创社会主义现代化建设事业新局面的重大任务。

马克思主义认为，和谐社会是人们共同构建的社会矛盾有序稳定发展变化的社会。构建社会主义和谐社会，在经济上，我们必须始终坚持马克思主义的认识论、群众观，协调处理社会矛盾，调动一切积极因素，不断推动社会经济发展。在政治上，要坚持发展社会主义民主政治，保证人民权利依法行使，促进社会各阶层之间的矛盾协调处理。在国家管理上，要坚持运用马克思主义国家与社会关系理论，转变政府职能，实现国家与社会的分离。在人的主体性上，准确理解马克思主义人学思想，以提高人民群众的生活水平为落脚点，满足人的物质性和精神性需求，发挥人民群众创造社会主义物质和精神财富的主动性，使社会主体的积极性、能动性和自身潜能得以充分发挥，社会主体的素质和能力得以不断完善，使人获得全面而自由的发展。

二、主题——中国特色社会主义共同理想教育

共同理想是一个社会全体成员共同的价值追求、价值取向和

价值目标。现阶段，中国各族人民的共同理想，即中国特色社会主义共同理想就是：在中国共产党领导下，走中国特色社会主义道路，建设中国特色社会主义，把我国建设成为富强、民主、文明、和谐的社会主义现代化国家，实现中华民族伟大复兴。中国特色社会主义共同理想教育必须同实现当代大学生的个人愿望、利益结合起来，使中国特色社会主义共同理想真正同当代大学生改变自身命运的追求结合在一起，当代大学生才能真正赞同和接受中国特色社会主义共同理想，才能始终以饱满的热情投身到发展中国特色社会主义伟大事业中来，我们的事业才能获得最坚实的群众基础，迸发出不可战胜的力量。要加强对大学生的个人理想和共同理想的关系教育，引导大学生把个人的成长进步同中国特色社会主义事业、同祖国的繁荣富强紧密联系在一起，引导大学生自觉地把个人理想融入全国各族人民的共同理想之中，把个人奋斗融入改革开放和社会主义现代化建设事业的奋斗之中。

三、精髓——民族精神和时代精神教育

精神，是指人的意识、思维活动和一般心理状态。它是人们生活中最高尚的东西，是文化的生命、民族的灵魂、人性的根本，是社会与历史发展的活力所在。一个民族的精神状态如何，无论是过去、现在，还是将来，都关乎民族的兴衰成败。

（一）民族精神和时代精神的内涵

所谓民族精神是一个民族在长期的共同生活和共同的社会实践基础上形成的，在该民族生存和发展的历史长河中逐步发展的，为该民族大多数成员所认同和接受的思想意识、价值取向、道德规范、品格风范和文化传统的总和，是一个民族生生不息、薪火相传的精神血脉，是民族文化最本质、最集中的体现。在五千多年的社会历史发展中，中华民族形成了团结统一、爱好和平、勤劳勇敢、自强不息的伟大民族精神。这种民族精神深深根植于延绵

数千年的优秀文化传统中,始终是维系中国各族人民共同生活的精神纽带。中华民族精神包含着极为丰富的内容,其内涵博大精深、源远流长。其中最基本的是以爱国主义为核心的团结统一、爱好和平、勤劳勇敢、自强不息的伟大民族精神。

中国的时代精神是当代中国人民在文明创建活动中体现出来的精神风貌和优良品格,是激励中华民族奋发图强、民族振兴的强大精神动力,也是当今时代精神文明建设的重要内容。根据改革开放三十多年来的实践和总结,我们可以将当今的时代精神概括为以下几点:其一,改革创新。主要是指革故鼎新、除旧布新、敢闯敢试、敢于变革的精神。其二,求真务实。“求真”就是要了解实际情况,掌握事物之间的内在联系,探寻事物发展变化的客观规律;“务实”就是要时时处处坚持重实际、说实话、务实事、求实效。求真务实就是要实事求是,追求真理,掌握规律;就是要严谨扎实,大力发扬脚踏实地、埋头苦干的工作作风。其三,以人为本。就是指以人民群众的利益为本。其四,和谐发展。这是当今我国的两大主题之一,和谐与发展这两者紧密相连,缺一不可。其五,民主法治。社会主义民主是建立在法治基础上的。离开法治,民主就成为空话。这五种时代精神是我们党在领导人民长期团结奋斗过程中所体现出的各种崇高精神的新提炼和新概括,是社会主义中国通过改革开放走向繁荣富强的时代精神。以改革创新为核心的时代精神切合时代主题、顺应时代潮流、应对时代趋势,为全面建设小康社会提供了精神动力和支撑。

(二)大学生民族精神和时代精神的培育

结合大学生生活和学习实际,在大学生中宣传、弘扬和实践民族精神和时代精神,可以从以下方面入手:

第一,坚持与大学精神相结合。大学精神是大学思想观念、价值取向、道德标准、管理规范等校园文化的最集中概括。大学精神对于大学生的精神塑造具有潜移默化、至关重要的影响。因此,必须塑造符合教育规律、体现传统文化、反映时代精神的大学精神。首先,“独立之人格,自由之思想”的人是大学培养人才的目标。其次,大学要有“兼容并包、思想自由”的学术氛围。再次,要有批判和创新的探索精神。

第二,坚持言传与身教相结合。言传,就是教师通过在课堂讲授、课外讲座、日常言论,弘扬以改革创新为核心的时代精神,通过真理的力量,加强对学生的思想引导。身教,就是教师通过自己的实际行为,体现时代精神,发挥教师人格的力量,给学生以直观印象,加深对民族精神和时代精神的理解和掌握。宣传和弘扬时代精神,必须要依靠真理的力量和人格的力量,做到言传和身教相结合。

第三,坚持学校教育与家庭教育、社会教育相结合。教育是一个系统工程,需要全社会的关心和支持。家庭、学校、社会教育这三个方面相互影响、相互渗透,因此,在时代精神教育中,要充分协调家庭、学校和社会三方面的关系。努力构建良好的家庭环境、校园环境和社会环境,形成教育合力,更好地弘扬和践行民族精神与时代精神。

第四,坚持理论教育与社会实践相结合。民族精神和时代精神本身就是在现时代的社会实践中提炼和升华而成的,具有很强的实践性。大学生深入开展社会实践,使政治理论教育真正结合实际,既可以使大学生认识社会,了解国情民情,培养优良的思想品德,又可以使大学生服务社会,增长才干,提高适应社会的能力。

四、基础——社会主义荣辱观教育

社会主义荣辱观是影响大学生现实生活学习行为最基本的价值观念体系。社会主义荣辱观和大学生的生活联系的十分紧密,关系到大学生生活的方方面面。社会主义荣辱观在社会主义核心价值体系中处于基础性的地位,是对人们日常行为的直接要求。

（一）以热爱祖国为荣、以危害祖国为耻

爱国主义精神是公民个人对自己祖国的深厚感情。它既是一项道德要求，也是一项政治原则和法律规范。它的提出是对我国爱国主义传统与民族精神作出的本质概括，是对中华民族爱国主义传统的继承和发展，是在新的历史时期和新的时代背景下对爱国主义的深化。

大学生一方面要努力学习爱国主义教育的内容；另一方面，要在关键时刻向人民、向世界展示自己的爱国情感和举止，树立爱国的榜样。一是要理性表达爱国情感，二是要积极践行爱国行为。

（二）以服务人民为荣、以背离人民为耻

“以服务人民为荣、以背离人民为耻”是把为人民服务当作人生最高的追求、最大的乐趣和最美的幸福，使为人民服务这一社会主义道德的优越性得以最大限度地发挥，进而在为人民服务的过程中实现好、维护好、发展好最广大人民的根本利益。为人民服务，对处于求学阶段的大学生来讲，现在学习科学文化知识就是为了将来更好地为人民多办实事，最大限度地服务于人民。在日常生活中，大学生应该将为人民服务化为具体行动，具体要求表现在：一是积极树立为人民服务的人生目标；二是要从服务同学做起。

（三）以崇尚科学为荣、以愚昧无知为耻

“以崇尚科学为荣、以愚昧无知为耻”的提出就是要人们尊重科学知识，迎赶时代潮流，弘扬科学、真理大旗，灭愚昧、庸俗之风，促进全社会形成尊重科学、热爱科学、学习科学、宣传科学、应用科学、拒绝愚昧、拒绝迷信的良好氛围，使人们养成科学态度，掌握科学方法，培育科学精神，进而为追求真理、探索真理、开拓创新提供强有力的科学支撑，为国民素质的提高和国家的繁荣富

强提供强有力的科技保证。以崇尚科学为荣在大学生群体中应具体表现在以下三方面：一是树立科学的世界观。大学生应当认真学习马克思主义基本立场、观点、方法和态度，并将其应用于客观和主观实践中。二是树立科学的发展理念，即全面发展的理念。

（四）以辛勤劳动为荣、以好逸恶劳为耻

“以辛勤劳动为荣、以好逸恶劳为耻”的提出既是对中华民族勤劳精神的肯定、继承和弘扬，也是对新时期、新条件下好逸恶劳思想的有力鞭策。同时，这一荣一耻更准确地表达出在社会主义建设的新时期，人们应以什么样的态度来对待劳动、对待享受，从而使全社会形成尊重劳动、热爱劳动的良好风尚，进而最大限度地发挥主观能动性，为自身的幸福和小康社会的和谐、健康、有序发展提供良好的动力保障。具体到大学生来说，“以辛勤劳动为荣”应做到以下两点：第一，尊重劳动。作为在校的大学生应当树立起一种劳动最光荣的意识，尊重脑力劳动者和体力劳动者的劳动成果，力争用自己的劳动创造属于自己的美好未来；第二，勇于劳动。大学生要树立科学的就业观，要正确处理集体与个人的关系；要勇于到祖国需要的地方去、勇于到基层就业。

（五）以团结互助为荣、以损人利己为耻

“以团结互助为荣、以损人利己为耻”是要引导人们将团结互助贯穿于职业道德领域，贯穿于家庭美德领域；是要引导广大群众紧密团结在党中央的周围，坚定走中国特色社会主义道路的信念，继续为谱写中华民族的新篇章而群策群力，共克时艰，再创佳绩；是要引导广大党员干部密切联系人民群众，紧密团结人民群众，使人民群众的作用得以充分的发挥，并在团结人民的过程中，以一股坚不可摧的合力来维护好、发展好和实现好最广大人民群众的根本利益。大学生以团结互助为荣应做到以下两点：一是生生团结。同学之间应相互理解、包容、鼓励、帮助，尊重每一位同

学，不能歧视和嘲笑。二是师生团结。

（六）以诚实守信为荣、以见利忘义为耻

“以诚实守信为荣、以见利忘义为耻”的提出就是要让人们意识到，诚信是社会活动中所必须遵守的行为准则，使人们意识到诚信对于个人是安身立命的人格风标，诚信对于社会是不可或缺的道德基石；诚信对于政府是提升政府形象，打造诚信政府的关键。诚实守信体现在大学生的点滴之中，大学生要做到以诚实守信为荣，应具体做好以下几点：一是考试不作弊，二是简历“不注水”，三是受助学生诚信还贷。

（七）以遵纪守法为荣、以违法乱纪为耻

“以遵纪守法为荣、以违法乱纪为耻”的提出，彰显的是自律和他律的力量，倡导的是社会主义的法治观和道德观，不仅是使国家的法治观念融入执法人员的内心深处，使其更好地做到有法可依、有法必依、执法必严、违法必究，使法律得以更有效地实施；更是使广大人民群众懂得遵纪守法的重要性和必要性，做到学法、知法、守法；还是使广大人民群众正确处理好自由与纪律的关系，权利与义务的关系，使人们将自己的自由和权利限制在法律允许的范围内，进而为他人自由和权利的实现提供良好的保障。大学生对遵纪守法这一荣的追求，应做好以下两点：一是遵守校规校纪。大学生应积极遵守校规校纪，努力使自己成为一名文明、向上的合格大学生；二是遵守法律法规。作为一个先进的社会群体，大学生必须提高自己的法律素养，做到知法、懂法、守法，成为遵守国家法律的模范者。

（八）以艰苦奋斗为荣、以骄奢淫逸为耻

“以艰苦奋斗为荣、以骄奢淫逸为耻”的提出，意在使人们在物质上克勤克俭、厉行节约、勤俭办事；在精神上不畏艰难、坚韧不拔、锐意进取、奋发有为，使艰苦奋斗成为人们的一种行为方式

和生活作风,成为人们所追求的一种精神状态和意志品质,使艰苦奋斗精神成为开辟中国特色社会主义道路新征程的强大支柱。以艰苦奋斗为荣要求大学生做到:一是意志坚强,奋发向上;二是勤俭节约。

五、终极价值——人的全面发展教育

人的全面发展问题,是一切工作的中心问题,这个方面解决得好与坏,直接关系到经济社会发展的全局。四个现代化的前提、基础和根本在于人的现代化。没有人的现代化,就不可能有整个社会的现代化。促进人的全面发展,是马克思主义关于建设社会主义新社会的本质要求;推动当代大学生的全面发展和健康成长,是大学核心价值体系教育应用的题中之意。

第一,加强注重素质教育,实现大学生综合素质的全面发展。素质教育是以促进人的德智体美等全面发展为根本目标,培养和造就具有独立性、自主性、实践性、能动性和创造性等优良品格的个体的一种育人模式。素质教育能够为人的全面发展提供主体基础、物质基础和强大的精神动力。大学生社会主义核心价值体系教育作为思想政治教育的重要组成部分,同样需要秉承素质教育的理念,深入细致地开展素质教育,加强大学生全面发展。当前条件下,科学技术高度综合,学科交叉日渐明朗,从客观上要求大学生综合素质和创新能力的增强。据此,国际21世纪教育委员会提出了未来教育的四个支柱,即学会认知、学会做事、学会共同生活和学会生存。要以深入进行素质教育为契机,以提升大学生的思想道德素质为核心,全面推动大学生综合素质与创新能力。青年大学生是未来社会的主人,必须按照社会发展对未来人才的要求来指导自己,前瞻性地提升自我的综合创新能力,培养未来社会所需要的多方面的素质。

第二,注重通识教育,实现大学生精神世界的科学建构。在新的历史条件下,人们物质生活水平的提高使得人们对精神生活的要求越来越高。人的精神世界是人独特的生存方式，关注人的内在精神是世界历史发展的趋势，是现实社会的呼唤，只有不断地丰富和强大人的精神世界才能实现人的全面发展。通识教育思潮与通识教育实践产生和发展的一个极其重要的原因，就在于对学生个体内在精神世界和生命价值意义世界的关注。通识教育强调基本知识、基本价值和基本技能的掌握，强调通过打好人生持续发展的根基，借助于唤醒人的精神世界的追求来形成自觉学习、终身学习、自我管理、自主创新的自我发展意识与自我发展精神。高校要通过对大学生的通识教育，帮助、引导大学生构建健康的精神世界。

第三，注重科学精神和人文精神的统一，营造良好的育人氛围。人文精神和科学精神如车之两轮、鸟之双翼，须臾不可分。科学精神的本质是求真求实，人文精神的精髓是求善求美。大学生思想政治教育，包括人文精神教育和科学精神教育，这两方面要相互融合、协调统一。其一，人文精神是首要因素，我们要深入研究当代大学生的所处的社会环境，特别是文化环境，探究其内心深处的精神世界，来帮助其应对心理问题。同时，要用目的理性和价值理性来导引工具理性和科学理性。大学生社会主义核心价值体系教育应当与学生的学习生活融合。学习是学生的首要任务，是学生的主要生命活动，贯穿了学生的道德成长过程。同时，审美教育和情感教育也是必要的。其二，科学精神教育也是非常重要的，大学生不仅要学会学习，还要学会生活。总之，大学生社会主义核心价值体系教育要通过在大学生中加强人文精神和科学精神的培育，积极营造大学生求真、向善、达美的良好氛围。

第二节　大学生生命观教育

生命观教育是我国当前大学生思想政治教育的前沿内容之

一,也是国家教育行政机关目前要求教育者探索的一个重要内容。生命教育是解决当前大学生生命质量的一个重要方式,是启发大学生找回信仰、找回生命意义的一条重要途径。

一、生命观的科学内涵

生命观,即人们对生命的总的认识或看法,具体说就是对生死的看法。生命观不仅包含了生,还包含死。向死而生,从死亡之中寻找生命的真意,是人们看待生命的正确途径。生命是死和生相互交织在一起的网格,任何一方的缺失都会造成生命的不完整。对于大学生来说,准确理解“生”与“死”,对于他们正确看待生命,促进他们热爱生命,都有积极的意义。

但生命观不仅是人们对人的生命的单纯看法,它综合了对人和社会的共同认识。它是一种社会性观念,社会政治、经济发展状况、文化决定人们生命观的走向,决定生命发展的价值取向。更加准确地说,生命观是构建在人们物质生活基础之上的意识形态,会反映社会政治、经济、文化的发展。

二、加强大学生生命观教育

大学生生命观教育的目的就在于协助人建立正确积极的人生观、价值观,整合个人的知、情、意、行,拥有健康的人格,丰富的人生,自我实现与自我超越,主要有以下几个方面的内容。

(一)生命历程教育

生命是从生到死的过程。在人生历程中,婴幼儿期、儿童期、少年期、青年期、壮年期、中年期、老年期、衰老期等,每一阶段都有不同生活的适应课题与发展任务。在有限的生命历程中,每个人都在不断探索,如果能明确人生目标,把握自我发展,与时俱进。接触周围新的人、事、物,就能确定存在的意义,创造自己生命的价值。

人只要活着，就得面对生老病死等生命现象。出生、成长、老化、死亡等构成了生命的连续过程。健康的生命需要健康的体魄和健康的心理共同维持。在生命教育中，需要对大学生进行必要的生理知识教育、性教育和习惯教育，使其能够正确认识和对待青春期的生理和心理变化，建立正确的两性观念，强壮自身体魄，树立合理的时间观念，养成良好的生活习惯和健康的生活方式。

在生命历程教育中，还可以引导大学生正确面对挫折和逆境。可以通过旁征博引的方式，将历史伟人、身边典型、现实名人在面对挫折、失败和逆境时怎样发愤图强、克服弱点、走向成功的事例融入生命历程教育中，引导大学生充分认识到：挫折和逆境是对生命的历练，生命将因此变得更加顽强。

（二）生命科学教育

生命科学是研究生命现象、生命活动的本质、特征和发生、发展规律，以及各种生物之间和生物与环境之间相互关系的科学。大学生生命教育要让学生获得生命科学的基本知识，了解自然生命之真和生命的规律与特征，了解与人们的生命、生活密切相关的生命科学知识及成果，遵循生命自身成长的规律，充分利用生命的各种规律和特征为自己的学习、生活增添色彩。

生命科学教育对于大学生的成长有着重要影响。通过生命科学教育，可以使得学生能够通过自己的认知和实践去了解生命科学的基础知识，产生兴趣，追寻生命之真，激发求真的科学精神。通过大学生思想政治教育之生命教育，还能够深化大学生对于生命规律、本质，以及生命关系的认识，增强其珍惜生命、关爱生命、把握生命、敬畏生命的观念，并付诸行动，使其树立人与世间万物和谐共处、共衰共荣的生命和谐意识。

（三）生命意义教育

因生命有限而珍惜生命，因生命可贵而敬畏生命，绝不是主张贪生怕死、苟且偷生,也不是善恶不分、姑息养奸。人的生命不仅是一个有活力的生物体存在,更是一种意义存在和价值实体,是“生物—心理—社会”的整体,是自然形态、社会形态和文化形态的结合,是既成性与选择性、受动性与能动性、适应性与超越性的统一。人的生命具有超越性,这种超越性表现为人的社会性对生物性的超越、精神性对物质性的超越、可能性对现实性的超越、无限性对有限性的超越等,在超越中造就精神生命,达于自觉、自主、自由的生命境界。生命伦理教育就是引导受教育者加深对生命的权利、责任、使命的思考,对生命意义的肯定、欣赏和张扬,培养积极乐观的人生态度和勇于超越的人生精神,从而点燃生命激情,激发生命活力,高扬生命意义,提升生命境界,实现生命价值,演绎自己的生命乐章,共享他人的生命精彩,从人生意义和人格精神上来实现对人生命的根本性呵护和构筑。

(四)生命能力教育

人的生命是一种系统存在,生老病死、喜怒哀乐、聚散离合、荣辱浮沉、成败得失等,是人的生命存在与发展的基本状态和复杂过程,这种状态和过程虽不能任意左右和抗拒,但可以有意识地规划和经营。生命能力,即规划和经营生命的能力。对生命的规划也就是对人生的规划,包括树立崇高的志向和理想、确立人生的目标和追求、保持健康的爱好和高雅的情趣、塑造完美的个性和健全的人格、选择正确的生活道路和生活方式等方面,通过规划和经营生命以开发生命价值,愉悦生命过程,优化生命样态,展现生命活力,在生命的不断发展中追求幸福、创造幸福、享受幸福,促进生存价值与生活意义相统一、物质生活与精神追求相平衡、个体发展与社会发展相协调,实现人的自然生命、社会生命、精神生命、价值生命的和谐发展。

(五)生命安全教育

社会上一些人的非正常死亡引发了人们对生命教育的思索,

而且很多人认为生命教育等同于生命安全教育。实际上，这种看法是偏颇的，生命安全教育只是生命教育的一部分，两者之间并不能画上等号。

生命安全教育包括自身生命安全保护和他人生命安全救援两个方面，涉及消防安全、自杀预防、伤害远离、灾难救助等具体内容。

生命的价值首先基于生命的存在，生命的终止意味着与之相关的其他一切也将随之终结。因而，大学生生命教育应首先关注大学生自身的生命安全。生命安全教育还应教育大学生在自身安全得到一定保障的同时，对处于困境的他人的生命安全实施救援。然而，环视当下的传媒环境，互联网、影视、报刊等传媒充斥着血腥的故事和报道，导致大学生对生命的珍惜、怜悯观念和意识大为减弱，甚至产生模仿心理，其危害深重。因而，净化传媒环境和网络环境，对于大学生生命教育具有极大的促进作用。

第三节　心理健康教育

心理健康这一概念是从国外引入的，对于今天的人们来说，它已不再是一个陌生的词汇，已经走入普通百姓的日常生活中，成为越来越多人关注的话题。大学生正处于由青少年到成年人的心理过渡和转变时期，大学阶段是人迅速社会化的关键阶段。在这一阶段大学生会遇到一些心理问题，产生一些独有的特征。

一、心理健康的内涵

精神医学者孟尼格尔(K. Meninger)认为："心理健康是指人们对于环境及相互间具有高效率及快乐的适应情况，不只是要有效率，也不只是要能有满足感，或是能愉快地接受生活的规范，而是需要三者具备，心理健康的人应能保持平静的情绪、敏锐的智能、适于社会环境的行为和愉快的气质。”①

心理学家英格里希(H. B. English)指出:“心理健康是指一种持续的心理状态,当事人在那种情况下,能做出良好的适应,具有生命的活力,而能充分发挥其身心潜能,这是一种积极的、丰富的情况,不仅是免于心理疾病而已。”②

心理卫生学者阿可夫(Abr Arkoff)认为心理健康是指具备“有价值心质”的人,即有幸福感、和谐、自尊感、个人成长(潜能充分发展)、个人成熟、个人统整性、保持与环境的良好接触、从环境中自我独立、有效适应环境。③

从广义上讲,心理健康是指一种高效而满意的持续心理状态。从狭义上讲,心理健康是指人的基本心理活动的过程、内容、完整、协调一致。即心理健康是指生活在一定社会环境中的个体,具有一种持续良好的心境,其认识活动、情绪反应、意志行动处于积极状态,而且具有适当的调控能力,并能充分发挥其身心的潜能。

二、当前大学生的心理特征

大学生的心理特征及心理矛盾是社会角色发生转换、生活环境发生变化的必然反映,具体表现在以下几个方面。

(一)心理发展具有阶段性

根据大学生学习、生活和心理状况的发展变化,大学生在校阶段可以分为入学适应、稳定发展和就业准备三个阶段。其中,

---

① 倪亚红,杨雪花.大学生心理健康教程[M].南京:东南大学出版社,2007 第 4 页.

② 欧晓霞,曲振同.大学生心理健康[M].北京:清华大学出版社,2006,第 7 页.

③ 桂世权.大学生心理健康教育[M].成都:西南交通大学出版社,2007,第 7 页.

入学适应是迈进大学校门的新生都要经历的难关。入学适应阶段是整个大学时期最困难的阶段。适应不好,可能会影响到整个大学时期的学习生活。面临全新的环境、角色、人际关系、生活方式和学习方法等变化。适应期的时间长短因人而异,一般为一个学期左右。经过一段时期的调整、适应后,大学生进入稳定发展阶段,基本持续到大学毕业前夕。这一阶段的大学生会面临许多新情况、新问题,并在面对、解决这些问题的过程中不断发展、完善自我。大学生活即将结束时,大学生进入了就业准备阶段,这是大学生从学生生活向职业生活转变的过渡时期。毕业在即的大学生面对毕业设计、论文答辩、求职择业、恋人去向等诸多选择和思考,心理压力和冲突将会不断出现。这个阶段对大学生来讲是各方面素质的综合考验,同时,又进一步促进了大学生心理的成熟与发展。

(二)情感丰富而强烈

情感是人对客观事物态度的心理体验与感受。情感是脑的机能,是客观事物刺激的反应。大学生随着年龄的增长、智力的发展、社会实践的增多,情感愈来愈丰富,具体表现为:一是理智感显著发展,二是道德感明显发展,三是美感进一步发展,四是友谊感在大学生的情感中十分突出。

大学生的情感具有外露性,喜怒哀乐溢于言表,感情奔放,容易冲动。他们往往表现出为真理而奋斗的热情,向往如火如荼的生活,喜欢激动人心的场面;但也可能出现盲目的狂热和冲动,铸成大错。他们常因自己的需要和愿望得到满足而手舞足蹈,欣喜不已,也会因为一时得不到满足而怒气冲冠,悲观失望。大学生的情绪虽然较中学阶段稳定,但与成人相比还显得波动多变,容易从一个极端走向另一个极端。他们爱把事情想象得过于顺利、美好,缺少经受挫折的思想准备。一旦受挫,就陷入苦闷、烦恼、不满甚至绝望。

(三)思维能力迅速发展

主观性思维能力是人的智力的核心。大学生思维的独立性和批判性有明显的增强,不再满足于被动地接受,而是主动地去观察、思考和实践,开始用批评的眼光看待周围的事物,对他人的意见不轻信和盲从;喜欢怀疑和争论,敢于大胆发表个人的独立见解,能对自己的思考结果进行检查和评价。此外,大学生由于掌握的知识越来越多,受到的思维训练越来越复杂,抽象思维能力得到迅猛发展,思维的逻辑性、发散性都有了新的提高,加上丰富的想象力,促进了思维的活跃性和创造性,因而产生了积极的创造欲和成就感,喜欢标新立异,能灵活运用各种思维技能,提出新的设想和见解,以获得新颖、独创性的思维结果。

(四)心理发展中多种矛盾并存

大学生正处于由不成熟走向成熟的成长过程中,面对大学新的环境、新的角色、新的竞争带来的新的压力,在其心理发展中出现种种的矛盾:理想与现实的矛盾、独立性与依赖性的矛盾、交往需要与心理封闭的矛盾、情感与理智的矛盾、自信与自卑的矛盾、知与行的矛盾、积极进取与安于现状的矛盾等等。这些内在的矛盾往往使大学生们进退两难、难于抉择,如不进行及时合理的心理调适,便有可能破坏心理平衡,影响心理健康。

(五)自我意识增强

自我意识是指人对自己、自己与他人关系以及自己与周围世界关系的认识。自我意识包括自我观察、自我批评、自我监督、自我调节,自尊、自信、自立、自制和自豪感、责任感、义务感等。大学生身心的迅速发展,使之产生强烈的自我意识。主要表现是:第一,自尊心、自信心和好胜心明显增强;第二,独立意向迅速发展;第三,自我评价和自我教育能力成熟。

三、我国大学生心理健康的标准

大学生是一个特殊的社会群体，根据大学生的年龄特征、社会角色和心理发展的特点，我国大学生心理健康有其自身的标准：

（一）能够进行有效的学习和工作

这是大学生心理健康的基本标志。心理健康的大学生能够正常地利用和有效地发挥自己的智慧和能力，在学习和工作中取得应有的成效，并从学习和工作中获得一定满足和乐趣。

（二）对自我有一个客观的认识

心理健康的大学生对自己有比较客观的认识和评价，既不是过高地评价自己，以致狂妄自大，也不是过低地评价自己，以至自暴自弃，而是愿意努力挖掘和发展自身的潜能。同时，能够悦纳自己，对于自身通过能力而无法补救的缺憾，也能安然接受而不作无谓的忧怨。

（三）情绪反应适当

心理健康的大学生能够适时适度地抑制或调动自己的情绪，当引起某种情绪的因素消失之后，会视情况而逐渐平复，恢复到正常的生活形态，不会漫无止境地延长以致使整个生命都弥漫着这种情绪。能够经常地保持愉快、开朗、自信、满足的心情，善于从生活中寻求乐趣，对生活充满希望。

（四）人际关系和谐

心理健康的大学生总是乐意与人交往，并且在交往时肯定的态度（如信任、友爱、尊重、赞美等）总是多于否定的态度（如怀疑、憎恨、蔑视、嫉妒等）。在与人交往中能够保持独立而完整的人格，客观地评价他人，与人和睦相处，乐于助人。对其所在的集体总是予以关心和爱护，有一种休戚与共的感情，必要时能为集体放弃个人的某种愿望。

（五）人格统一

心理健康的大学生能够保持相对稳定的、有机统一的人格，能够以正确的人生观和信念为中心，将自身的需要、动机、思想、目标与行为统一起来，使其各种人格特征具有一致的倾向性。这并不是说大学生的人格一成不变，而是指其随着客观现实的变化而发生相应的变化，并且在变化中保持各方面的协调性，从而使人格得到不断完善。

（六）与社会的协调一致

心理健康的大学生能够与社会保持良好的关系，主动地去了解社会和适应社会。如果发现自己的思想、欲望、目标和行动与社会的利益和大多数人的利益相违，就会放弃或调整自己的行动计划，以谋求与社会的一致，逐步建立符合社会规范、适应社会变化的生活方式。有积极的处世态度，勇于改造现实环境，以达到自我实现与对社会奉献的协调统一。

在人生发展的过程中，心理的健康是一个动态的概念，人随时都有可能出现不健康的心理，大学生同样如此。只要经常对照心理健康的标准，及时调适自己的心理，就能够保持心理健康。

四、大学生心理健康教育的有效实施

（一）树立大学生心理健康教育的目标

从广泛和根本意义上说，教育的总目的就是要使受教育者的个性得到全面发展。但就大学生心理健康教育而言，其具体的目标是要形成、维护和促进大学生的心理健康，从而为他们的全面发展提供良好基础。因此，从受教育者的角度来看，又可以分为当前目标与长远目标；从教育者的角度来看，大学生心理健康教育的目标可分为发展性目标与补救性目标。在教育实践中还要设定一个具体的目标，以利于大学生心理健康教育的开展。

1. 当前目标与长远目标

大学生心理健康教育的当前目标主要是针对大学生个体当前存在的问题，如失恋、学习成绩差、被同学轻视、感到人生空虚无聊等等，开展及时的心理疏导，以解除当事人即时的心理困扰；长远目标通常涉及大学生心理素质的提高和健康人格的塑造，使他们有机会重新认识自己、接纳自己，进而欣赏自己，克服成长障碍，使自己的潜能得到充分的发展。在心理健康教育过程中，当前目标与长远目标应当有机地结合起来。

2. 发展性目标与补救性目标

大学生心理健康教育的发展性目标是通过对大学生的心理素质和心理健康进行有目的的培养和促进，使他们的心理素质不断优化，形成健康的心理，从而能适应社会，健康地成长和良好地发展；补救性目标则主要是针对少数在心理上出现问题的学生，是治疗性的和矫正性的。发展性目标与补救性目标结合在一起，其目的是为了增进全体学生的心理健康，提高大学生的学习与生活质量。

3. 具体目标

具体目标反映了学生在各个不同阶段的心理发展任务。大学新生的适应问题、毕业生的择业问题，都是在现实生活中发生而需要及时进行心理健康教育的具体目标问题。

具体来说，大学生心理健康教育的具体目标主要有以下三点。

一是了解心理健康的功能。随着社会的发展，人们对心理健康教育的认识也在不断深化，提出了心理健康教育的三级功能：即初级功能、中级功能、高级功能。初级功能是传授和提供心理健康知识，预防和减少心理疾病的发生；中级功能是增强心理素质，完善心理调节；高级功能是健全个体，适应社会。我国是发展中国家，心理健康教育的水平不高，目前正处在初级功能阶段。我们要通过全社会的重视，特别是教育部门的重视，逐步发展心理健康教育的中级功能和高级功能，使心理健康教育更趋完善。

二是树立科学健康知识。了解心理健康的知识，使大学生不仅认识到除了要有健壮的体魄、健康的躯体，还应有良好的心理素质和社会适应能力。未来竞争的焦点是人才竞争，而健康水平又是人才竞争中最重要的条件，要使自己保持人才竞争的有利条件，就要有增进健康的紧迫感。

三是丰富大学生的心理卫生知识，提高自我保健能力。目前我国大学生心理卫生知识水平不高，且明显与年龄及学历很不相称。与心理健康有关的知识水平是促使行为和生活方式改变的最基本条件，也是人的整体素质的重要方面。心理健康教育就是要使大学生改变心理卫生知识贫乏的现象，充分运用文化水平高，学校设备先进、信息传递快、资料丰富、各种人才济济等良好条件，努力掌握并丰富心理卫生知识，学会观察分析各种生理、心理和社会的影响因素，改变不健康的行为和不良的生活方式，提高自我保健能力。

（二）坚持心理健康教育的指导原则

1. 系统性原则

人的心理是一个十分复杂的系统，心理健康教育也应遵循系统性原则。从心理健康教育的对象来看，他们的心理具有系统性，他们的知、情、意、行紧密联系，心理倾向、心理过程和心理特征相互影响，心理因素和生理因素交互作用，构成一个有机的整体，所以不能孤立、静止地看待学生的心理问题。从心理健康教育与其他教育的关系来看，心理健康教育是教育系统的一部分，应同学校的其他教育相结合；应渗透到各“育”之中，寓于各科教学之中，寓于受教育者的课外活动和校园文化活动之中。从学校与社会的联系上看，学校、家庭和社会对学生心理健康的影响相互制约，必须协调三方面的力量，形成一种合力，多角度、多层次地培养和促进学生的心理健康。

2.发展性原则

学校心理健康教育的对象是正在成长中的受教育者，这就决定了学校心理健康教育的核心是受教育者成长中的一些问题。因此，在心理健康教育或心理辅导中必须坚持用发展的、变化的眼光来看待学生，要相信受教育者具有成长和发展的潜力，对未来持乐观态度，不要将学生一时出现的心理问题看成是一成不变的。相信只要经过教师的耐心辅导，这些问题都会得到有效解决。

3.平等性原则

在心理健康教育活动中，教师要以平等尊重的态度对待学生，特别是对那些心理上不够健康或有心理疾病的学生更应如此。大量的心理健康教育和心理咨询实践表明，在教育者和受教育者之间建立一种相互信赖的关系与和谐的心理氛围是进行心理健康教育的必要前提，而只有以平等尊重的态度对待学生，学生才能向老师敞开自己封闭的心扉，后续的心理健康教育措施也才能奏效。

4.主体性原则

心理健康教育的目的是为了培养学生良好的心理素质，学生自己是心理健康发展的主体。因此，在心理健康教育过程中，应充分调动学生参与教育活动的积极性和主动性。离开学生的主动参与和自觉努力，学校心理健康教育的种种努力都是枉费心机。人都有理解自己、不断走向成熟、产生积极的建设性变化的心理潜能，心理健康教育就是要启发和鼓励学生发挥这种潜能，促使其心理成长，而不是一味地说教、劝导和指示。

5. 防治结合原则

受教育者心理健康教育的根本目的在于面向全体学生，涵养心性，培育品性，预防心理疾病，增进心理健康，促进心理发展，全面提高心理素质，因而必须坚持预防、发展和矫治相结合的原则，重在预防和发展，更重要的是推进大面积的、耐心的、长久的、规范的、专业化的心理健康教育和辅导。

6. 保密性原则

保密可以说是对心理咨询与治疗工作者的一项基本而普遍的要求，也最能体现心理学工作者的职业道德。保密性原则同样适用于学校的心理健康教育，保密既是教育者与受教育者双方建立相互信赖的关系的基础，又关系到学校心理健康教育工作的声誉。

（三）选择恰当的心理健康教育形式

1. 心理咨询

心理咨询是一种专业性很强的助人工作。它是心理咨询师运用心理学的知识、理论和技术，通过与求询者的交谈、协商、指导过程，帮助求询者达到自助目的的工作。心理咨询与一般的开导、劝慰、帮助有明显的区别。心理咨询可以使人们从一个不同的角度去看待自己和社会，用新的方式去体验和表达他们的思想情感，并产生全新的思维方式。

2. 健康教育课堂

以课堂讲授为主，系统地开设心理健康教育课程或相关课程，或者定期举办讲座，系统传授心理健康知识。专题讲座可以根据学生共有的心理问题，选择适当时机举办。这类讲座对象明确，针对性强，一般较受大学生的欢迎。

3.师资力量

对教职员工进行心理健康知识教育很重要。严格地讲，教师的心理是否健康影响面更大：一方面，它直接影响教师本人的工作、生活与健康；另一方面，它直接影响到学生。若教师人格不健全，必然会影响人格尚未定型的学生。学校应通过讲座、讨论、宣传材料等方式，注重提高教师的心理健康水平，交给教师一些识别学生心理问题的知识与方法，可以做到及时发现、及时干预。

4.校园媒介

通过校内传播手段普及心理健康知识，充分利用校刊、板报、广播、学生组织的交流刊物，宣传心理健康的知识，介绍维护心理健康的方法。通过这些媒介可以扩大心理健康教育的影响，提高大学生心理保健的意识，增长心理健康的知识。

5.自我教育与自我调节

自我教育是大学生在自我意识的基础上，为了形成良好的心理素质而对自己自觉进行心理调节和行为控制的活动，是大学生主观能动性的表现，也是心理健康发展的内在力量。自我教育、自我调节是心理健康教育中的关键环节，起着决定性作用。大学生可以通过以下几种方式进行自我教育、自我调节，从而不断提高自己的心理健康水平。

(1)掌握必要的心理卫生知识。掌握必要的心理卫生知识，就等于掌握了心理健康的钥匙，在必要时就可以用来进行自我调节，也就掌握了心理健康的主动权。

(2)建立科学合理的学习生活秩序。一方面，大学生要增进心理健康，必须建立科学合理的学习生活秩序。另一方面，要科学用脑。学会用脑卫生,改进学习方法,科学地支配时间,劳逸结合,避免死记硬背和疲劳战术。运用心理学的原理来组织自己的学习过程,提高学习能力和学习效率。

(3)学会转换心情。当发生不愉快的事情的时候,不要总是想着它,要避免愤怒情绪的最终爆发,可以告诫或者提醒自己制怒,可以脱离现场出去散散步、看看电视、电影、打打牌、找朋友玩等。幽思苦愁无济于事,不如抛开它,去做一些可以转换心情、调节情绪的事情。如果总是郁结于心,耿耿于怀,不仅无济于事,反而会使不良情绪不断蔓延,日益加重。

(4)学会合理宣泄。大学生受挫后,心理上处于焦虑、愤怒、冲动的应激情绪状态中,如得不到妥善的化解,就有可能表现出攻击、轻生等种种消极的行为反应。这给大学生本人或社会都会带来不良的后果。因此,采取一些合理的宣泄方式,恢复心理平衡对于大学生来说是十分重要的。

第五章　大学生思想政治理论课教学的改革与发展

大学生思想政治理论课是对大学生进行思想政治教育的主渠道，对培养社会主义事业的可靠接班人和合格建设者具有重要的作用。新形势下联系大学生的实际思想特点，推进大学生思想政治理论课教学的改革与发展，是高校人才培养过程中面临的重大现实问题。

第一节　大学生思想政治理论课的重要地位

大学生思想政治理论课是社会主义大学的本质特征之一，也是每个大学生的必修课。

一、大学生思想政治理论课的内涵

大学生思想政治理论课作为一种特定的、专门化的学科理论，既具有一般课程论所共有的思想内涵，更具有与思想政治教育实践和思想政治教育学科紧密联系的特殊含义。概括来说，大学生思想政治理论课具有以下几个方面的基本内涵。

（一）大学生思想政治理论课是一种学科课程

从课程类型的划分来看，大学生思想政治理论课是针对大学生人生观的塑造而开设的一门专业课程，既然称之为课程必然有一套完整的学科理论，是一种以学术学科为基础进行教学内容选择的课程,其主要特点体现在以下三个方面。

第一,以学科知识为本位,从现实需求出发进行课程设计和教学内容安排。

第二,以学科知识体系和基本逻辑体系为中心,并以此作为课程教育的基本线索。

第三,学科内容具有系统性,在教学中要对这些内容进行科学系统的学习。

思想政治理论课是大学生教育的重要组成部分,对我国大学生的发展与成长具有重要的作用。从课程内容的设置上来看,当前大学生思想政治教育的主要课程包括:《马克思主义基本原理概论》《毛泽东思想和中国特色社会主义理论体系》《中国近现代史纲要》《思想道德修养与法律基础》《形势与政策》五门。五门课总体上构成一个具有高度整体性的课程体系,《马克思主义基本原理概论》是课程体系的基础,《毛泽东思想和中国特色社会主义理论体系》是课程体系的重点,《中国近现代史纲要》是课程体系的主线,《思想道德修养与法律基础》《形势与政策》是课程体系的落脚点。教育部的文件指示更明确了思想政治理论课的学科课程地位。“学科建设是加强和改进思想政治理论课的基础。思想政治理论课教育教学所依托的学科是我国特有的一门政治性、科学性和实践性很强的学科,只能加强,不能削弱。设立马克思主义一级学科,开展马克思主义理论体系研究,开展马克思主义发展史、马克思主义中国化研究,开展思想政治教育研究。”

(二)大学生思想政治理论课是一种德育课程

德育课程是与智育、体育和美育等相对应的一种课程设置。德育注重大学生思想政治素质以及道德素质的培养,是我国大学生必须接受的一种基本教育。

德育课程与智育课程相比,两者虽然都以一定的知识体系和科学理论作为教育的基本内容,但是两者却有着很大的不同。德育课程是统治阶级思想与主张的体现,从某种意义上来说它体现着社会的性质以及阶级意志;德育课程的内容的设置更加注重受教者个体的修养与内在素质;德育课程的教学过程不仅是基本理论知识的教育,实际上也体现着思想政治教育工作过程的展开。

德育课程与体育课程相比,两者虽然都对实践教学具有很大依赖性,需要个体充分的体验才能完成整个教育过程,才能保证基本的教育效果,但是德育教育更加注重大学生素质与修养的养成,而体育教育更注重大学生身体素质的培养。

德育课程与美育课程相比,虽然都是提升个人内在素质,实现个人"软件"升级的教育,但是两者也存在很大的区别。美育教育主要针对大学生的个人情操和风度气度,而大学生思想政治教育则主要是针对大学生的政治素质开展的。

(三)大学生思想政治理论课是一种公共必修课程

从我国目前大学生思想政治教育课程的设置上来看。它是所有大学生必修的公共课,也就是说无论哪一专业的学生都必须学习思想政治教育基本理论知识。大学生思想政治教育理论课是由国家教育部统一设定的,任何学校不能私自取消该课程的学习,因此它也被称为国家课程。

我们知道思想政治教育是国家基本意志的体现,其课程内容的设置是整个国家共同信奉并尊重的一种价值理念,也正是因为如此大学生思想政治理论课是一门十分严肃的学科。

(四)大学生思想政治理论课是一种显性课程

从课程传授的渠道角度去讨论思想政治理论课,以课堂教学形式为主为显性课程,以课堂教学以外的学校情境间接地产生影响为内隐性课程。大学生思想政治理论课是大学生思想政治教育的主渠道,有比较完善的理论知识体系以及课程设置体系,而且对教材编写的规范性、科学性有着比较高的要求。

(五)大学生思想政治理论课是一种学生中心课程

从课程规划重点依据为出发点去讨论课程,以学科建设为主要依据的属于学科中心课程;以学生的身心发展需要为主要依据的属于学生中心课程;以社会需要为主要依据的属于社会中心课程。

思想政治理论课是我国大学生成才的重要保证,对大学生个人的成才、成长具有不可忽视的作用和意义。大学生的成长不仅仅是指身体上的成长,同时也是个人内心的逐渐成熟。因此在大学教育中在我们不仅要重视大学生的智力开发与文化知识的培养,也要加强大学生思想政治教育的培养。人生观、价值观是一个人成功的基础,如果没有科学的价值观与人生观作为指导,那么大学生在很可能会因为错误的方面而走向自我堕落的深渊。

二、大学生思想政治理论课的基本特点

(一)教学过程注重学生的主体性

教育对人的影响有三个层次:塑造、改造和创造。塑造作用是指受教育者在教育作用的影响下形成原来没有的知识、发展新的能力;改造作用指受教育者在思想上改变原来的错误认识,形成正确的观念,在业务上改变原来的知识结构,形成新的知识结构;创造性指教育能实现人的创造性本质,发展人的创造性能力。现代社会对人的创造性提出了很高的要求,教育只有通过培养具有创造性的人才,开发教育的创造性能力,才能实现教育的现代价值。因此,现代思想政治理论课教学与传统思想政治教学有着本质的区别:传统思想政治教学强调以学科知识体系为中心、以教师为中心;而现代思想政治理论课教学更应当充分尊重学生的积极性、主动性和创造性,发挥学生自教自律的功能,培养学生的主动性和创造力。这是由于现代思想政治教育理论课教学注重以下两个方面。一方面,理论课教学以培养、提升学生的主体性作为目的,而不是单纯地灌输政治观念和理论知识。另一方面,现代思想政治教育理论课教学在整个过程中都注重学生的主动

参与和亲身体验，学生在活动中处于主体地位。无论是实践课题的选定、材料的搜集或者具体实践活动的选择和开展，还是实践活动结束后的总结与升华，都离不开学生积极性、主动性的发挥。可以说，强调学生的主体性是理论课教学的本质特征之一。

（二）广泛性

思想政治理论课教学的形式非常灵活，如社会教学、课堂教学、科研实践等。在实际运作中，一般意义上的理论课实践教学包括实验、实习、社会实践课程设计、学年论文、毕业论文（设计）等。不同类型的教学环节在教学计划中的地位、顺序、时间分配等方面要符合培养目标的要求，要和相关课程相匹配。

与一般课程比较而言，思想政治理论课对大学生所进行的思想政治教育根据系统性，能够让大学生对是马克思主义理论和思想政治相关理论有一个全面的人认识。一直以来思想政治教育都是各个专业学生必修的公共理论课，其最主要的特点我们可以总结为两点：第一，思想政治理论课覆盖的人数众多，所有专业的大学本科生都会接受思想政治教育；第二，思想政治理论课涉及的内容十分广泛，涵盖了社会政治、经济、文化各个方面。这也造成了思想政治教育外出实践难度过大的基本特点。

（三）教学方式具有课程性

与其他大学课程一样，作为培养学生运用理论观察社会、认识社会、思考人生重要能力的重要一环的高校思想政治理论课教学，需要科学地计划和系统地培养。思想政治理论课教学作为大学生的必修课，其一切教学目标、教学方式都必须适合或者不能超越大学教育规律、教育体制本身，而且，其教育功能必然是在规范的教育功能实现的基础上才能得以实现。由此，从课程的视角来设置、开展思想政治理论课教学，才能保障其不被边缘化，发挥其育人的各项功能。

三、思想政治理论课在大学生思想政治教育中有重要地位

(一)思想政治理论课教育是中国特色社会主义建设事业中的一项总揽全局的根本性工作

理论教育是中国特色社会主义建设事业的重要内容,更是胜利推进这一事业的重要保证。"一个党、一个国家、一个民族,特别是像我们这样的大党,这样的大国,这样人口众多的民族,如果没有正确的理论为指导,如果没有以正确理论为基础的强大精神支柱,那么,我们的党、国家和民族将是不可想象的,就会成为一盘散沙,就谈不上凝聚力、战斗力、创造力,就不会有美好的未来。"①

建设中国特色社会主义这一全新视野,不仅需要科学理论的指导,而且必然产生富有指导意义的创新理论。这一事业开创以来,我们党先后形成了邓小平理论、"三个代表"重要思想,提出了科学发展观等重大战略思想,党的十七大报告将这些马克思主义中国化最新成果概括为"中国特色社会主义理论体系"。这是对改革开放三十多年实践经验最集中的理论表达,是一个重要的理论创新。改革开放三十多年来,在中国特色社会主义理论体系引领下,当代中国共产党人和中国人民以一往无前的进取精神和波澜壮阔的创新实践,不断推进改革开放的历史进程,打开了社会主义现代化建设的新局面,推动了我国以世界上少有的速度持续快速地发展。

① 江泽民. 论党的建设[M]. 北京:中央文献出版社,2001 年,第 87 页.

（二）思想政治理论课教学是培养一大批德才兼备的社会主义现代化事业的建设者和接班人的重要途径

当代中国大学生是国家宝贵的人才资源，是民族的希望、社会的栋梁和祖国的未来。要将当代大学生培养成为社会主义现代化所需要的人才，必须通过加强思想政治理论课程建设，营造良好的政治文化氛围和良好的校同人文环境，使学校真正成为“以科学的理论武装人、以正确的舆论引导人、以高尚的精神塑造人、以优秀的作品鼓舞人”的重要场所。马克思主义思想政治理论课的增开，就是为了让学生通过学校的教育，改变自身的思想政治教育水平，提高自身的思想政治素质，使自己成为一个合格的社会主义的忠实信徒，让自己可以成为社会主义的建设者和接班人。思想政治理论课的开设就是为了确保我国可以有源源不断的社会主义信仰者，可以使社会主义事业在后辈人的手中传承和发扬。

大学生思想政治理论课程的教学过程，是进行以社会主义核心价值体系为内容的先进文化的教学过程。马克思主义指导思想、中国特色社会主义共同理想、以爱国主义为核心的民族精神和以改革创新为核心的时代精神、社会主义荣辱观，构成社会主义核心价值体系的基本内容。当代大学生掌握了以社会主义核心价值体系为内容的先进文化，就能够自觉地朝着德、智、体、美的方向，按照真善美相统一的价值尺度实现人的全面发展。

四、思想政治理论课的作用

（一）整合作用

在高校，教育者可以通过各种各样的渠道和方式对学生进行思想政治教育，比如显性教育与隐性教育，直接教育与间接教育、理论教育与实践教育等。可见，思想政治教育的方式和渠道有很多,对学生的影响也是多方面的,但在这些有组织、有计划的教育活动开展之前,思想政治教育只是零星的为学生所接触,它能够起到的效果也可以忽略不计。因此,学生进行思想政治教育需要对不同的教育渠道和教育方式进行规划与整合,充分发挥每种教育渠道的教学特点,全面而具体的对学生形成影响,促进他们理知识的转化,提高思想政治教育理论课的教学效果。整合思想政治理论课教育渠道的目的是将分散的、零星的教学方式统筹起来,从而更加全面实施课堂教育,促进大学生思想政治素质的提高。

(二)导向作用

引导思想政治教育的发展我们可以看做思想政治教育理论课对思想政治教育发展的"导向作用"。这种导向作用意味着思想政治教育理论课体现着思想这政治教育的目的和方向,并能够对思想政治教育发展的方向和目标的实现造成直接影响。只有具备这个条件思想政治教育理论课才能引导思想政治教育的发展,成为思想政治教育发展的"向导"。思想政治教育的实施过程,实际上就是将理论和社会实践中的主导价值观,转化为学生思想政治观念的过程。理论教育对实现这种转化具有重要的作用,因为学生接触、接受和吸收这些知识大部分都是在课堂上完成的,因此我们说思想政治教育理论课能够影响思想增值教育的目标和方向。

思想政治教育理论课可以为学生提供理想信念导向,为他们理想信念的形成提供帮助。每个人都有自己独立的思想,并且根据自己的价值判断对自己所见到的事物进行评价和取舍,符合自己价值观的事物更容易被人们接受,而不符合自己价值取向的事物往往被人们排斥。思想政治教育理论课向学生传递的是符合社会利益和人类发展利益的价值观,对学生理想信念的形成能够起到很好的引导作用。行为方式导向是指按照道德、法纪的准则、要求进行导向。理想信念导向、奋斗目标导向、行为方式导向，是三个不同层次的导向，这三个层次的导向既是相互区别，又是相互联系的统一整体。

（三）促进作用

思想政治理论课不仅具有促进个体思想道德的社会化，形成社会所需要的思想道德素质的作用，而且增进了学生个体的发展，具有发展性作用。

思想道德素质发展就是接受和选择社会价值并且把文化上得到公认的思想、情感和行为内化的过程。而个体人格和品德的发展对整个人的素质发展起着十分重要的作用。现代化最主要的是人的现代化，它不是外加于人的社会现象，从根本上说，它不过是人自身的表现，是人的主体性表现。德育要为人的主体性发展服务。道德的规范性，作为对人自身的改造，其根本目的不仅仅是为了限制，更是为了发展。因为人需要道德，不是限制人自身，而是为了使人摆脱自然必然性的控制，成为真正控制自己的自由人。只有道德才最终把人从动物中提升出来，成为文明人。

思想政治理论课程教育是使个体思想道德观念得到提升的最本质的力量。从思想政治理论课程教育的社会性作用来看，理论是一种指导社会发展的力量和动力，任何一种社会实践活动，如果没有科学理论指导，必定是盲目的实践活动，只有在科学的理论指导下，才能使整个社会得到更好的发展。马克思主义理论是无产阶级和广大劳动人民认识世界和改造世界的武器，马克思主义理论不仅具有意识形态的作用，而且具有促进社会发展的作用，它导引社会按照人类社会历史发展规律发展。

（四）政治作用

政治作用对思想政治教育有重要的影响，在政治多极化的今天，它并没有被削弱，而是会随着新形势的发展和国际矛盾的增强而进一步发展。思想政治教育理论课的政治作用与政治形势有紧密的关系，随着政治的变化而变化。改革开放之后，经济建设一直是我国社会的中心工作,思想政治教育的政治作用很少为人们提及,但这并不意味着思想政治加油的政治作用已经消失,而是随着形势的变化不再是主要矛盾。政治同其他的事物一样,也是不断变化和发展,无论是国际局势的变化、国内矛盾的变化,还是经济状况的变化都会引起政治局势的变动,思想政治理论课教育的政治作用也随之而变化。

以经济建设为中心是在确立的基本发展路线,与其说是经济发展计划,不如说是一项政治政策,经济与政治本身密切的联系也决定了二者不可能划分清晰的界限。党制定的基本发展路线是以全体人民的利益为出发点,以我国现阶段的基本国情为依据制定的,具有无可争议的科学性。这一带有全局性与战略性的发展政策,即体现着国家对经济发展的重视,又体现这国家政策的决定权。因此,在现行的思想政治理论课教学中,执行党的基本路线,坚持以经济建设为中心,不仅是经济任务,还是无可推卸的政治任务。思想政治教育理论课教育必须明确这一点,才能正确认识思想政治教育的政治作用。

第二节　当前大学生思想政治教育课教学现存问题与成因

当前新形势下的各种挑战以及由此产生的一些困境,实事求是地评估大学生思想政治理论课建设成败得失,是推动大学生思想政治理论课教学改革与发展的必然起点。

一、当前大学生思想政治教育课教学现存问题

(一)大学生思想政治课教学主体方面的问题

一般认为,教师是思想政治理论课的主体,学生是思想政治

理论课的客体。事实上，教师与学生都应该被当作是思想政治理论课的主体，“双主体论”认为，无论是教育者还是受教育者都是实践、认识、学习活动的人，都是主体，而不是客体。但无论是教师还是学生，在思想政治理论课的教学创新中都表现出了一定的问题。

1. 学生方面

第一，积极性不高，对思想政治理论课漠不关心。思想政治理论课在学生方面出现的问题最明显的就是学生的学习积极性不够高。一部分学生，在教师不点名的情况下，出勤率很低。即使到教室里上课，也很少做笔记或认真听课，大多时候不是看其他书，就是趴在桌子上睡觉，或是跟别人聊天、玩手机，课堂秩序差。针对思想政治理论课中采取的各方面的创新形式和内容，部分学生也表现出漠不关心的态度。

第二，认可度不高，对各种思想政治理论课要求不配合。随着社会主义市场经济体制的建立，以及西方一些所谓的“自由”“人权”思想的影响，一部分高校学生对马克思主义理论的基本内容出现了不认同感。他们或是受实用主义的影响，认为思想政治理论只是一种空洞的口号、理论，或是结合社会中看到的一些表面现象以及社会中出现的问题，对社会主义的体制产生了怀疑，从而对思想政治理论课的教学内容产生了不认同感。而这种不认同感在思想政治理论课的创新中就表现为对创新的漠不关心和对各种新的教学方法和途径的不配合。

第三，无法坚持到底，对思想政治理论课的认知随波逐流。根据调查显示，一部分学生对思想政治理论课起初非常感兴趣，上课前能按时到教室，上课时认真听讲，积极回答问题，课后也能按要求完成作业。但随着时间的推移，往往会有学生产生厌学情绪，课上看其他书籍或漫不经心，缺席旷课、迟到早退情况也比较多。大多时候都是教室师在“唱独角戏”，学生对思想政治理论课的兴趣无法坚持到底。

2.教师方面

第一,舍本逐末,违背了思想政治理论课的教学目的。“本”即指思想政治理论课的主要内容,也可以是思想政治理论课所采用的教材。“末”是指教材中没有而又必不可少的内容。在思想政治理论课的教学创新过程中,教师往往增加一些教材中没有的东西来调动学生的积极性。这种教学方法无可非议,也有利于扩大学生的知识面,培养学生对某些问题的洞察力。但是过于侧重“末”,而逐渐忽视了“本”,或是任由“本”被“末”掩盖,便不可取了。这违背了思想政治理论课的教学目的。“舍本逐末”在大学生思想政治理论课的教学创新中,还表现为思想政治理论课教师单纯追求教学形式的创新,而忽视了教学内容的整理与优化,以至于思想政治理论课教学创新达不到预定的目标。

第二,自导自演,忽视了学生的配合。思想政治理论课的教学创新是需要师生互动完成。虽然近几年来,高校开始注重采用互动式教学,发挥学生在课堂上的积极作用。但是我们发现,思想政治理论课的课堂教学还是属于教师的“独角戏”。很多时候都是教师在讲台上讲的天花乱坠,学生在下面却无动于衷,没有丝毫反应。另外,有些教师对师生互动的理解局限于“提出问题—回答问题”,单纯地提出问题让学生回答,并不考虑学生的知识基础和关注焦点,最终陷于自导自演的境地,即平时所谓的“冷场”。另外,自导自演也表现为思想政治理论课教师只追求形式,而忽视了学生在教学过程的及时反馈和表现出来的问题。

第三,重言传轻身教,教学流于形式。人们常说“言传身教”,可见,“言传”与“身教”是教学理念中不可或缺的两部分内容。但是,在很多情况下,人们往往重视“言传”而忽视了“身教”。在思想政治理论课中,人们往往认为教师只需要口头宣传党的理论、方针和政策。其实,教师的“身教”,以道德楷模的方式来对学生进行引导,比口头宣传更具有说服力,也更容易让学生接受。有的思想政治理论课教师甚至自己都不相信马克思主义理论,又怎能达到教育学生的目的。

第四，对理论课教学认识不足。部分思想政治教育者认为思想政治理论课是国家意志，不用搞科研。有的领导和部门认为思想政治理论教学改革的文章和专著算不上什么学术成果，因而在评奖、发表和考核等方面都存在一些问题，甚至出现了写好文章却找不到刊物来发表的情况。有的教师觉得思想政治理论课的开设是国家行为，教师是在贯彻国家的意志，因此按照有关文件和教材讲就可以了，用不着搞什么科研。而实际上，教好思想政治理论课是很不容易的事情，对思想政治理论课教学的基本内容和精神实质的阐述，必须在研究的层面上去讲解，才能说服学生，打动学生。所以没有科研做支撑，教学就难以达到较高的水平、层次和质量。同时，要搞好思想政治理论课教学，并不是照本宣科的空洞说教就可以取得实效的。

（二）大学生思想政治理论课课堂教学存在的问题

1. 教学方法简单

在传统的思想政治理论课的课堂上，教师单纯地借助口头语言，进行"填鸭式"的教学。现代的思想政治理论课课堂上，虽然出现采用了多媒体课件等现代的教学方式，但内容也只是把教材上的文字放到课件中，课件制作质量不高，难以全方位激发学生的兴趣。同时现有的思想政治理论课课堂忽视了实践教学的运用，缺乏说服力。

2. 教材适用性差

首先，思想政治理论课是一门实效性极强的学科，它的教材内容必须紧跟时代的发展。其次，针对不同专业、不同基础、不同地域的学生，采用统一教材，忽视了个性的差异。

3. 教学内容重复陈旧

思想政治理论课教学的内容有许多在中学课本上就已经具

有,到了大学仍然存在,大学老师所教授的内容在高中时期很多都已经讲过。因此,学生听到大学老师念经般的授课,自然会形成吃嚼过的馍倍感无味的淡漠心理,甚至导致厌烦情绪的产生。同时,思想政治理论课的相关教材对许多仍然具有现实合理性的原理和观点,缺乏应用新视角、新手法进行强有力的表述;对许多反映现实变化和面貌的新原理、新观点,没有及时地、普遍地采纳;新兴学科、交叉学科、边缘学科的知识,远远没有得到合理,充分的运用,这又导致了课程内容与学生以前的中学课程内容撞车。

(三)教学管理方面的问题

1.不合理的教学安排

高校把绝大多数专业课安排到了上午,而将思想政治理论课安排到了下午或是晚上,这样学生在经过了一上午或者一天的学习后,极易感到疲劳,而教师在半天或一天的教学后,也不堪负重,有时候教师在下午或晚上还要连上好几个班的思想政治理论课。这样的教学安排虽然节约了教学成本,但影响了教学效果。

2.庞大的教学规模

近几年,随着各高校的普遍扩招,各个专业的在校生人数明显增多。思想政治理论课的班容量也明显扩大,但思想政治理论课教师却没有进行同步的补充。再者,思想政治理论课一般属于公共必修课,往往是几个专业的人同时上课,这样的大班授课人数上百,甚至是多达数百。这样庞大的教学规模影响了讨论式教学方式开展,也影响了师生的互动。

3.管理制度不够完善

管理体制的问题,实质上是大学生思想政治理论课的地位问题。中宣部、教育部将思想政治理论课的教学机构作为独立的存在,但在多数高校中它却被归入了二级甚至是三级机构,机构级别较低,很难决定课程的开设或是课程的设置。同时,思想政治理论课教师只讲公共课,不参与学生的学习与生活,对学生了解不够,很容易把思想政治理论课当作是单纯的知识传授,无法全面发挥思想政治教育的功能。

二、当前大学生思想政治教育课教学现存问题的成因分析

(一)当前教学环境的改变

这主要包括以下方面:

一是社会背景的变化。从国际上来看,政治多极化、经济全球化、文化多元化、科学技术的日益进步,都对我国大学生思想政治理论课的发展产生了影响。从国内来看,国内市场的进一步开放,网络信息的全球化传播,我国社会的急剧变革,以及由此带来的社会利益主体多元化、生活方式多样化,都引发了传统价值观念的变迁。大学生作为接受力强的青年群体,不由自主地吸收了自主、创新等新时代的元素。但同时,物质化、功利化等也影响了大学生群体,造成他们对思想政治理论课的忽视与不认同。

二是思想观念的多元化。经济全球化和政治多极化使人们的意识形态领域出现了巨大的变化,一些非主流的意识开始对人们的思想观念产生影响,人们的思想观念变得多元化。社会中的负面因素对大学生思想政治理论课的教学造成了严重的影响。

三是信息传播渠道的多样化。随着科学技术的发展,网络信息技术逐渐进入人们的生活,信息的传播加快,学生接受信息的渠道也变得多样化。这使得大学生不再单纯依赖课堂上教师传授的知识,教师的权威地位受到了威胁。网络上的一些不良信息在青少年认识和判断力不成熟的条件下对他们产生了消极的影响,也给思想政治理论课提出了挑战。

四是教育主体的个性化。目前,我国正处在社会转型时期,

不确定因素增加,生存和发展的竞争使得社会更加注重对个体教育的关注。市场经济对多样化人才的需求也使得高等教育开始关注教育对象的差异性,注重对学生个性的培养,并促进学生的全面发展。这时期,教育主体的个性化逐渐增强。

(二)教学理念上的缺陷

传统的思想政治理论课在理念上单纯强调教师的主导地位,忽视了学生在教学中的主体作用,导致教师在教学中的一言堂。在课堂上,教师往往在进行着“独角戏”,学生只是被动的、消极的知识接受者,丧失了学习的主动性和能动性。学生在学过之后、考过之后,并没有对思想政治理论形成深刻印象,于是逐渐出现了学生为混学分而学习思想政治理论课的现象,失去了对思想政治理论课的学习兴趣。当前,仍有部分思想政治理论课教师采用这种传统的教学模式,影响了思想政治理论课的教学效果。

(三)教学方法有待发展

在大学生思想政治理论课的学习途径上存在的问题主要是忽略了渗透对学生学习的影响,没有以渗透的方式影响学生意识形态发展。在我国,思想政治理论课的学习方式主要以灌输为主。但是大学以后,由于学生的认知能力、思辨能力、学习能力及求知欲进一步提高,加之在大学以前已经接受过系统的思想政治理论课教育,所以不适合用雷同的内容、完全灌输的方式来进行思想政治理论课教育,要转而采用渗透的方式,并结合大学生的身心发展特点,进行思想政治教育。在高校仍采用完全灌输的形式,只会引起他们的审美疲倦和逆反心理。

(四)教学主体原因

从学生方面来看,大学生获取知识的目的存在功利因素。由于升学和就业压力的影响,使得学生在学习知识和选择专业上往往以知识、专业的实用性为出发点。这样就导致学生对思想政治理论课存在一定的抵触心理，认为思想政治理论课对毕业找工作和他们自身的发展没有什么作用，思想政治理论课只是一种空洞的说教。因此，许多学生只把思想政治理论课的学习当作是应付考试，对教师的授课内容不关注，更不会在平时读一些马克思主义的理论书。另一方面，学生没有把学到的思想政治理论知识应用到实践中，与党的路线、方针、政策相联系，这也是大学生普遍认为思想政治理论课是空洞的说教的原因之一。

从教师自身来看，思想政治理论课教师存在的问题主要有：使命感不高，部分思想政治理论课教师缺乏高度的责任感和使命感，对工作缺乏热情，积极性不高；理论修养不够，部分思想政治理论课教师不能很好地掌握系统的马克思主义理论，吃透教材，并用马克思主义理论解决现实问题，导致思想政治理论课的教学流于形式；部分思想政治理论课教学基本功差，教学感染力不强，不能很好地吸引学生等。除此之外，随着高校的逐年扩招，思想政治理论课的教师的实际承担者已经是青年教师，青年教师缺乏对社会的深入了解，缺乏实际教学经验，且由于工作量大，没有时间了解学生、提高自身的理论修养和教学能力，有的思想政治理论课教师自身都缺乏坚定的马克思主义信仰。这使得思想政治理论课的教师队伍力量薄弱且不稳定。从外部因素来看，思想政治理论课教师还存在不受重视、待遇低等问题。

（五）理论课“边缘”化

思想政治理论课历来都受到各级党委和政府、教育行政机关的重视，但在具体操作时，却仍处于高校管理与课程体系的“边缘”。如有的高校在进行学科建设时，往往忽略了思想政治理论课的建设。一些思想政治理论课教师在教学时也刻意淡化思想政治理论课的意识形态，以一些奇闻异事来吸引学生的关注。这种“边缘化”是导致教师待遇不高，缺少机会进行必要的进修、学习与培训的原因之一。

第三节 推动大学生思想政治理论课教学改革与发展

推动大学生思想政治理论课教学改革与发展,展望理论课发展的未来,需要我们从多方面进行努力。

一、推动大学生思想政治理论课教学改革与发展的意义

(一)有利于回应时代变化提出的挑战和问题

所谓问题,就是公开的、无畏的、左右一切个人的时代声音。问题就是时代的口号,是它表现自己精神状态的最实际的呼声。而声音则是时代的命题。我国新时期的改革和发展始于问题。马克思主义理论不惧怕现实问题的挑战,它本身就是在回答和解决社会现实问题的过程中产生和发展起来的。从某种程度上说,时代和社会发展变化所带来的问题,以及对这些问题的科学回答,能够有效充实、更新、丰富大学生思想政治理论课的教学内容,进而增强大学生思想政治理论课的吸引力和当代价值。

(二)有利于提升大学生思想政治理论课建设和教育教学的科学化,进而推动学科建设

大学生思想政治理论课教育教学的科学化,就是使大学生思想政治理论课课程设置和教学内容安排更具有科学性,而更少主观随意性。大学生思想政治理论课教学改革,有利于在突出大学生思想政治理论课内容的政治性、思想性的同时,更加注重其科学性、学术性,并集中体现为马克思主义理论发展和理论运用教育的统一,马克思主义科学原理与科学精神教育的统一,历史与现实的统一,课堂理论教育与社会实践教育的统一,等等。这也

是改革开放以来大学生思想政治理论课教学改革的成功经验。而马克思主义理论学科建设则是加强和改进大学生思想政治理论课的基础。大学生思想政治理论课教育教学所依托的学科是我国特有的一门政治性、科学性和实践性很强的学科。开展马克思主义基本理论研究、马克思主义发展史研究、马克思主义中国化研究、中国近现代史基本问题研究以及思想政治教育研究，有助于为推进党的思想理论建设和巩固马克思主义在高校教育教学中的指导地位，为加强大学生思想政治理论课建设、培养思想政治教育工作队伍提供有力的学科支撑。进一步推进和深化大学生思想政治理论课教学改革，有助于不断总结学科发展经验，探索马克思主义理论学科发展的规律，努力建设一个研究对象明确、功能定位科学的马克思主义理论学科体系，从而做到大学生思想政治理论课教学改革与学科建设相辅相成、相互促进。

（三）有利于实现人才培养的目标导向和价值导向，增强大学生思想政治理论课的针对性和实效性

“针对性”是指教育满足学生需要的程度，“实效性”是指教育对学生的有用性。其中，实效性是大学生思想政治理论课教学的出发点和归宿，是“大学生思想理论教育的生命线”。影响大学生思想政治理论课教学实效性的因素是多方面的，既有外部因素，诸如国际、国内社会、政治、经济、文化环境因素，也有内部因素，但是，影响思想政治理论课教学效果最主要的原因在于教学过程本身的原因，特别是教学内容、教学方法和教学手段等方面的原因。因此，实效性既是制约大学生思想政治理论课教学改革的瓶颈，也是进一步推动大学生思想政治理论课教学改革的动因。失去实效性，对大学生进行马克思主义理论教育的任务就会落空，思想政治理论课的教学也就失去了意义。从这个意义上说，实效性是大学生思想政治理论课教学改革的永恒追求，同时，也只有持之以恒地推进大学生思想政治理论课教学改革，才能实现教学实效性的目的。这也是教育本身的长效性特点所决定的。

二、大学生思想政治理论课教学改革与发展的有效途径

(一)贯彻以人为本的教育理念

在大学生思想政治理论课教学改革与发展中要坚持以人为本,就是要坚持以大学生为本。“以大学生全面发展为目标,解放思想、实事求是、与时俱进,坚持以人为本,贴近实际、贴近生活、贴近学生,努力提高思想政治教育的针对性、实效性和吸引力、感染力,培养德智体美全面发展的社会主义事业合格建设者和可靠接班人。”①这就充分说明思想政治教育的目标是大学生的全面发展,将他们培养成为社会主义事业合格的建设者和接班人,要实现这样的目标,必须以学生为本,贴近学生思想、学习和生活的实际,尊重学生、关心学生,引导帮助学生全面发展。

第一,在教材建设方面,要充分考虑到教材是对大学生进行马克思主义理论教育,要针对不同层次学生的知识文化素质和阅读能力编写教材,增强教材的时代性、可读性。

第二,在教学设计上,要充分考虑学生群体的差异,不同层次、不同专业背景,在知识文化素质、思维方式和兴趣点等方面的差异,根据不同层次的学生设计不同的教学方案,创建不同的教学模式。教师备课首先要备学生,增强教学的针对性,提高教学的实效性。

第三,在具体的教学活动中,要充分尊重学生的主体地位,采取多样化的形式吸引学生积极参与到教学活动中来,让学生有独立感悟、思考、探索的空间,让学生在主动参与过程中达到知识、情感和信念的统一和协调转化,提升自身的思想政治素质。

需要指出的是,在这个过程中,要防止过犹不及。目前,有些

① 普通大学生思想政治理论课文献选编(1949—2008)[C].北京:中国人民大学出版社,2008,第203页.

教师在教学中放弃原则，处处迎合学生，在课堂上或舍本逐末，大讲奇异的事例以引起学生的兴趣，完全用事例代替理论分析和理论引导；或背弃思想政治理论课的主旨，上课发牢骚，以偏概全，用社会上出现的一些消极现象为依据大批社会、党和政府；或哗众取宠，对学生感兴趣的问题，如情感问题、网络问题，就大讲特讲，对需要完成的教学内容却简单几句带过；或不加强课堂管理，放任学生在课堂上做与课程无关的事情等。这些行为不是以人为本，不但不能提高学生的思想政治素质，还会给学生的健康成长带来负面影响。

（二）创新教学模式，推进教学改革

教学模式是以某种教学思想、教学理论为依据而建构起来，可供教师在教学活动中借以进行操作，既简约而又完整的模型；它集约地体现了设计、实施、调控、评价教学活动的一整套教学方法论体系，是教学理论与教学实践得以发生联系和相互转化的媒介、桥梁。

1.启发式教学模式

启发式教学模式的核心是在教学过程中激发学生学习的主动性和积极性，调动和培养学生的启发思维，教师在课堂教学中通过举例子、课堂讨论、提出问题、创设启发情景等方法，在课下通过布置作业、课外指导等各个教学环节指导学生掌握获得知识的工具，培养学生根据需要处理各种信息的能力。"启发式"教学过程中，教学的中心转移到了学生身上，重视调动学生学习的主动性和积极性，教师作用的发挥取决于学生主动性和积极性的调动。

大学生思想政治理论课启发教学模式绝不能停留于让学生找到问题的答案，而应是引导学生学会闻一知十、举一反三，即运用所学知识和方法去解决众多的新问题，这才是它的实质。有经验的大学生思想政治理论课教师，总是善于运用迁移规律把要解

决的新问题与已解决的某一类问题联系起来,突出共同规律,把未知转化为已知,引导学生学会以简驭繁、举一反三。

2.讨论式教学模式

思想政治理论课讨论式教学模式是指在思想政治理论课的教学过程中,为了实现思想政治理论课教育教学目标,教师引导学生自学、思考有关内容,以系列问题为线索,师生之间以及学生相互之间利用讨论、辩论等形式,通过问题的思辨过程相互启发、达成思想共识、提高思想政治理论水平和能力的一种教学模式。

这种教学模式包括三个方面的内涵:

第一,它是以系列问题为线索展开教学的一种教学模式。系列问题是思想政治理论课实施讨论式教学模式的核心。所谓系列问题,是指具有系统理论逻辑联系的问题。从纵向上看,先行问题的未知,是后继问题的已知。依此类推,一步步把理论思维和逻辑向前推进。从横向上看,不同问题是从教学内容的不同维度上提出来的,不同问题间相互补充,从而全方位地指向教学内容。

第二,它是以师生、学生相互之间的自学、讨论为主要教学方法、手段的教学模式。

第三,其实质是一种相互启发学习的教学模式。讨论的精神实质是启发式教学思想,通过钻研问题、发言讨论,师生能相互从他人的发言中得到有益的启示,通过启示重新组织自己的知识理解和认知体系,进而获得发展。

3.研究性学习教学模式

研究性学习教学模式是指教师在教学中,引导学生从理论学习和社会生活实践中选择和确定研究性问题或课题,发挥主观能动性,积极主动地去收集资料、相关理论观点,运用分析研究、综合比较、归纳演绎等理性逻辑方法和非理性方法,从研究中获取知识、应用知识、解决问题,锻炼思维能力,获得全面进步发展的教与学的模式。研究性学习教学模式是基于强调科学原理形成过程为主要特征的教学方式，强调教学内容的呈现方式要面向过程、将理论观念等得以产生的起因和研究过程展示给学生、并引导学生的发散思维、激发学生自主学习和探究的动机、增强学生自身参与知识建构的积极性和自觉性。

首先，研究性学习教学是一种以“问题”为中心的生成性、创生性教学。

其次，研究性学习教学作为师生共同去寻找、发现、研究、解决问题的教学方式，是一种师生合作性的教学。

最后，思想政治理论课进行研究性学习教学是以思维过程的展示和发展为重点的教学方式。

4. 案例教学模式

案例是指对具有典型意义的事件所作的客观记录或具体描述。案例教学就是指教师根据教学目标和教学任务的要求，运用精选出来的案例材料，使学生进入某种特定的事件、情境之中，通过组织学生对事件的构成进行积极主动的探究活动，从而提高学生创造性地运用知识、分析和解决实际问题的能力的一种教学模式。

目前常见的案例教学主要有两种类型：一是“从例到理型”，即教师引导学生运用案例，经过分析讨论和研究，从中发现规律并按照规律解决实际问题；二是“从理到例型”，即在教师的启发指导下，学生运用基本概念和规律，用案例来解释和证明基本原理，从而获得解决实际问题的能力。这两种类型的案例教学虽然各有不同，但是都体现和符合了认识发展的一般规律，都可以运用到思想政治理论课的教学中来。

（三）加强学科建设，促进教学改革与发展

学科建设是个大平台，既标志着学校、学院办学和科研的水平，又承载着教师和研究人员的学术归属。尤其对于以教学、科

研为重的高等学校,吸收新学科的知识热,在原有的学科建设的背景下,整合新老资源,重整并加强马克思主义理论学科建设的力度,是继教学改革后又一个发展的重点。

学科建设的前进方向需要左右灯进行照明,教学与科研如“车之两轮,鸟之两翼”,必须要坚持实行教学与科研并举的措施,以科研促进教学、以教学带动科研。教学与科研本是相辅相成,两者均不可偏废。为了取得无论教学还是科研的长足进步,都需要我们不断注入教书育人的责任心和在学术领域内孜孜以求的钻研精神。思想政治理论课教学要稳步发展,着力提高培养质量,要把思想政治教育贯彻到全校公共课的理论和实践教学中去。此外,还要加强科学研究,支持和营造科研氛围,以形成科研兴院、强院的新局面。这样做目的是要扭转两个根本性的转变:一是要扭转单纯的教学模式,向教学与科研相互促进的方向转变;二是要扭转单纯的科研模式,向教学与科研并举、协同发展的方向转变。

(四)将社会主义核心价值体系融入理论课教学

从社会主义核心价值体系与思想政治理论课的关系来看,社会主义核心价值体系既是思想政治理论课教学中必须坚持的政治方向,又是思想政治理论课的重要内容。因此,思想政治理论课的课程建设和教学改革必须与社会主义核心价值体系建设同步进行。

第一,在马克思主义基础理论教学中融入社会主义核心价值体系教育。马克思主义基础理论教学是大学生思想政治理论课的灵魂性课程,其目的在于帮助大学生掌握和理解马克思主义基本原理和马克思主义的科学体系,运用马克思主义的立场、观点和方法观察和分析解决实际问题,帮助大学生树立马克思主义的世界观、历史观、人生观和价值观,确立马克思主义信仰,坚定社会主义信念,为大学生全面发展打下比较坚实的马克思主义理论基础。因此,在马克思主义基本理论的教学中要特别强化马克思主义指导思想的教育和引导。

第二，在毛泽东思想和中国特色社会主义理论体系的教学中融入社会主义核心价值体系教育。毛泽东思想和中国特色社会主义理论体系教学要侧重于中国特色社会主义共同理想的教育。

第三，在道德修养与法律知识的教学中融入社会主义核心价值体系教育。这门课程开设的目的就是帮助大学生树立正确的人生观、价值观、道德观和法制观，树立科学的理想信念，锤炼社会主义和共产主义的道德品质与修养，最终成为“四有”新人。在道德修养与法律知识教学中，要突出民族精神、时代精神和社会主义荣辱观的教育。

第四，在中国近代史教学中融入社会主义核心价值体系教育。在中国近代史教学中，必须从历史和现实结合的角度，进行全面的社会主义核心价值体系教育。课程教学要围绕实现中华民族伟大复兴的主题，以中华民族从衰落逐渐走向强大为基本脉络，突出对历史规律的总结，帮助学生从历史和理性的角度深刻领会中国人民选择马克思主义，选择中国共产党和选择社会主义道路的必然性和重要性，从而增强大学生对马克思主义指导思想的学习和领会，坚定中国特色社会主义共同理想的信念，尊重中国的历史传统和热爱社会主义中国，进一步坚定在中国共产党领导下走中国特色社会主义道路、实现中华民族伟大复兴的信心和决心。

（五）正确处理各种关系，合理构建推进大学生思想政治理论课教学改革的运行体系

大学生思想政治理论课要对历史负责、对未来负责、对大学生负责，要重视培养大学生的祖国情怀、道德情怀、人文情怀、社会情怀。因此，必须妥善处理大学生思想政治理论课建设和教育教学改革中的各种矛盾和关系，形成和谐发展的良好氛围。

大学生思想政治理论课教学改革，要正确认识和处理若干方面的关系，诸如学与信的关系，教与学的关系，中学教学与大学教

学的关系,课程建设与教学的关系,大班上课与教学效果的关系,考试与质量评价的关系,教学与学科建设、科研的关系,等等。在此基础上,着力强化其支撑体系,诸如政策支持体系、学科建设体系、教材与教辅体系、课堂教学体系、实践教学体系、学生学业考核体系、课程建设评估体系等,从而形成大学生思想政治理论课教学改革的新的合力。

第六章　高校校园文化的建设与发展

校园文化泛指在学校教育基础上产生的文化现象，而高校校园文化则是在高校这一特定环境中，全体师生共同创造与拥有的价值观念和文化体系。校园文化在培养大学生德智体等方面具有非常重要的作用，它与课堂教学是一个相互呼应、相互渗透、共同作用的教育过程，校园文化是课堂教学的补充和延伸。

第一节　高校校园文化的特征

随着我国改革开放和全球化步伐的日益加快，随之而来的文化多元化、意识形态多元化、生活方式多元化等，呈现由“一”到“多”的特点，且当下信息高速传播，渠道日趋丰富，外来文化冲击着原有的文化模式和思维方式，使当下的校园文化呈现出新的特点。

一、在内容上，丰富性与复杂性并存

全球化带来了物质和文化上的极大丰富，新的观念和方法也随着文化一同被注入人们的生活。不同文化之间不可避免地互相渗透、吸取，这种互相吸收和补充，形成了“你中有我，我中有你”的局面。但这也对原有的文化观念提出了挑战。如何做好不同文化的相互融合，做出正确的价值判断，需要较高的判断力和分析力，这对个人素质提出了要求。当前在校大学生正处在身心快速发展的阶段，他们涉世未深、阅历较浅，对很多社会现象还不能很好地把握，且极容易受鼓动和影响。加上国际上社会思潮的

进入,在为学生们的成长提供了机遇的同时,也给各高校提出了培养的难题。需要提升学生的文化甄别能力,这样才能尽可能地避免负面效应。

二、在文化理念上,开放性与传统性交融

校园文化作为校园里的一种精神文化,对学生的教育引导功能是十分明显的,因而它必须是在长期的实践检验中不断完善和延续而形成的。校园文化元素本身就包含了相对稳定和传统的成分,在历史的积淀中,逐渐被广大师生所接受,具有一定的社会影响力。但现代社会,新的文化思潮带来了与许多传统不太相同的理念,若一味地因循守旧,延续陈旧的做法,必然会和学生当下的生活理念发生冲突,容易遭质疑。校园文化必然要兼收并蓄,广泛吸收新文化理念,进行加工改造,以更具时代色彩的新形式出现,从而为己所用。因此,校园文化本身又必然具有一定的开放性,应主动融入学生的学习生活中去,实现双向互动。

三、在文化选择上,多元性与甄别性共生

当下的文化交融日益增多,学生在校园里接受到各种文化气息的熏陶,思维活跃,长于思考,因此不同类型的文化在大学校园里很容易引起共鸣,产生作用。要进行选择,作出适宜的价值判断,学生们必须进行全面的了解,凭借敏锐的观察力,通过缜密的分析,根据自身实际情况作出取舍,这样才能促进个人的健康发展。如先前在一些学生中出现的拜金主义、享乐主义等,即是对一些外来文化的盲目追求、片面理解、曲解和误解,形成的一种不良风气。在当前多元文化背景下,本土文化被越来越多的国外文化观念影响,不能简单地沿用和吸收这些异域文化,而要对其进行甄别。校园文化建设是对学生进行思想引领的重要方面,对学生的世界观、人生观和价值观有着深刻的影响。

四、在评价标准上，创新性与变化性相依

校园文化建设的目的是要实现育人的效果。不同的时代背景和社会需求，对人才的要求也是不同的。学校培育的人才要能适应社会发展、实现自我的完善，因此育人的理念不是一成不变的，要能与时俱进，适当地进行调整。当今社会，全球联系广泛加强，高新技术快速更新，经济发展日新月异，文化交融错综复杂，这对学校育人提出了更高的要求，要求高校培育出满足社会多元需求的复合型人才。这要求学生要有国际化视野，与经济全球化、教育国际化和文化多元化等时代特点相适应，全面提升综合素质。因此，校园文化的评价标准也会随之发生变化。

第二节　高校校园文化在思想政治教育中的作用

一、校园文化建设是社会主义精神文明建设的重要组成部分

高校校园文化是社会主义文化的一部分，是社会主义精神文明建设的重要内容。在校园文化的建设过程中，我们应该坚定的以马克思主义、毛泽东思想、邓小平理论、“三个代表”重要思想和科学发展观作为校园文化发展的方向，用先进的马克思主义中国化理论引导学生思想观念的转变，发挥校园文化作为思想政治教育的一个重要载体和途径的作用。

二、校园文化是大学生思想政治教育工作的重要途径

（一）高校校园文化具有追求务实、追求崇高的凝聚力

在当代，这种崇高的精神境界就是“以人为本”的人文精神，

“求真务实”的科学精神,“着眼未来”的超越精神和“自强不息”的奋斗精神。正是由这些精神因素的存在,才能聚集成建设有中国特色社会主义的共同的理想,把师生的智慧和力量团结到构建和谐校园的共同事业之下。

(二)校园文化对大学生具有重要的教育导向作用

正是通过校园文化丰富多彩的方式,让大学这个特殊群体的人们都得到一种文化品位的熏陶和大学精神的培育,从而形成了志存高远、爱国敬业、为人师表、教书育人、严谨笃学和与时俱进的优良教风;勤于学习、奋发向上、诚实守信、敢于创新的良好学风;以及崇尚科学、严谨求实、善于创造具有时代特征和学校特色的良好校风。正是具备了优良的教风、学风和校风,大学文化才能够实现培育、塑造人的作用,促进人们自觉追求和谐相处,大学生才会从这种教育的耳濡目染中感悟到社会主义、爱国主义和集体主义教育的真谛。

(三)校园文化具有源源不断的创造力

大学作为思想最活跃、最富有创造力的地方,以及新知识、新思想、新文化的策源地,其创造力主要来自担当社会责任的知识分子群体追求真理、体现公平正义的社会理想,发挥着文化对社会进步的强大影响作用。文化可以作为一个维系民族、社团、集体的共同价值取向,使更多大学生在对这一共同认知追求中,走向真善美的人格。

三、校园文化建设可以提高大学生的综合素质

大学生主体的全面自由发展是高校校园文化建设实践中的价值目标。在校园文化建设之中,大学生承担着主客体合一的身份。校园文化为大学生借鉴他人经验进行自我教育提供了一个良好的场所,因此从这个意义上说,校园文化是基于大学生的自

主选择性的大学生的自我教育。因此在校园文化建设的过程中，各级领导部门坚持弘扬主旋律，要对大学生进行世界观、方法论的教育，提高他们分辨是非的能力，自觉抵制不健康文化的影响，为青年大学生的全面发展提供更为广阔的空间。

四、校园文化建设可以陶冶大学生情操

校园文化作为一种环境文化，其重要作用在于创造一种文化氛围去感染、陶冶学生。青年学生是生活在复杂的环境里，在社会生活的相互交往中发育成长起来的。社会主义社会为青年一代实现德、智、体全面发展提供了有利条件。学校教育长期一贯地坚持德育和智育，有利于使学生树立起共产主义的世界观、人生观和理想情操。但是，如果脱离具体社会生活，离开社会实践，只是书本上口头上的说教，这种世界观、人生观和理想情操是形成不了的。对于青年学生的教育需要充分利用各种场合、各种形式进行传统教育、民主法制教育、“五讲四美三热爱”教育。需要重视和开展第二教育渠道，关心学生的课外生活，使他们在接触周围世界的丰富多彩的活动中陶冶高尚的情操，培养社会主义的世界观、人生观。

第三节　当前校园文化建设的现存问题

随着我国政治、经济和文化体制的不断发展和转变，现代社会的主体文化也发生了巨大变化，大学生校园文化也受到了较为明显的影响。在这些变化中，主流是好的，但是，我国的大学校园文化建设也存在很多问题，具体分析如下。

一、大学校园文化内容思想性不足

当今的大学普遍重视大学校园文化的载体建设，而不看重其

内容建设。在新一轮的大学发展中,我们看到,美丽的大学校园,恢宏的建筑群体,庞大的组织系统和丰富的文化活动,发展迅速,成效显著,但同时,部分高校校园文化活动内容偏窄,形式单一,娱乐型内容多,思想启迪性活动少。一方面,这与大学生课业有直接关系。由于学习内容较多,在课余时间,他们希望有更多的时间来娱乐和放松;另一方面,与校园文化活动的形式、内容有直接关系。浮于表面的活动多,而真正满足大学生需要、精心策划组织的活动少。大学生中出现了"道德危机""精神危机""信仰危机""价值真空"等负面思想和人格扭曲、道德堕落、理想泯灭等消极状态;大学教师中出现了学术观的实用化、功利化倾向,自由、批判、开拓、创造的学术风气失落,代之而起的是学术不端、学风浮躁、急功近利、学术投机、学术贿赂、学术腐败等背离了大学精神的功利化、平庸化陈腐气息。

二、重视知识教育,忽略了大学生思想教育

较长一段时期以来,我国高等教育的价值取向是"重知识传授、轻思想教导"。有人认为,在"知识经济"时代,只要有知识,就可以驰骋职场,所向无敌。在这种教育观念影响下,许多教师和学生把教学过程等同于"知识输出——知识接受"似的线性过程,将"传道、授业、解惑"的教学理念归结为单纯的知识"灌输",将知识肢解为一个个没有生命力和思想性的"符号"。这种短视的、完全背离素质教育理念的做法所培养出来的学生,既没有真正获得广泛适应社会的应用能力,更没有树立深刻的思想和科学的方法,他们所具有的只是一堆毫无用处的僵死的知识和依然没有得到健全的人格。

现代大学必须创新教育理念,改变"重知识轻思想"的观念,牢固树立"知识、素质、能力相统一"的教育理念。为此,大学必须大力建设先进的校园文化,夯实大学文化的肥沃土壤,要把崇高的理想、远大的志向、健全的人格、宽厚的知识基础、深刻的思想

等因素作为大学生才培养的基本价值取向。

三、大学生对关于社会主义核心价值体系教育践行类校园文化活动参与性不高

校园中组织的各种有关社会主义核心价值体系类的校园文化活动学生参与面不大。经常参加和策划组织校园文化活动的学生往往是学生干部，而涉及马克思主义理论、中国特色社会主义共同理想、时代精神和民族精神、社会主义荣辱观等主题的文化活动，往往以统一组织，甚至是行政安排的形式开展，才能保证参与率，即使组织学生参加了活动，也会出现“人在心不在”的现象，导致效果不佳。究其原因，我们发现，此类活动常常是只有管理没有研究与策划，大多是为了迎合重大的有历史意义的节日组织开展的，活动形式经常趋同。虽然这样可以增强活动的仪式感，强化大学生对社会主义核心价值体系的认知，但是这些活动往往缺乏吸引力，学生也是敷衍了事的参与，参与性不高。

四、校园文化活动对思想政治教育的宣传度不大

校园广播、校报、橱窗、网络等宣传载体对于思想政治教育的校园文化活动进行宣传的力度不足。舆论宣传中应加强校园中典型事件、典型人物的宣传报道，增强宣传的现实感，发挥传播社会主义核心价值体系内容、形成主流价值文化的积极作用。

第四节　用社会主义核心价值体系引领校园文化建设

社会主义核心价值体系集中反映了当代中国社会的先进文化精神，是建设社会主义先进文化的根本，也是建设社会主义大

学文化的根本。为了更好建设大学校园文化，需要用社会主义核心价值体系对其进行引领。

一、社会主义核心价值体系引领校园文化建设的主要任务——培养大学生正确的人生观和价值观

马克思关于“人的本质不是单个人所固有的抽象物，在其现实性上，它是一切社会关系的总和”[①]的论断，指明了人是现实的人、社会的人，人的社会属性决定着人在一生中要不停地思索“人为什么活着，活着有什么意义，应该怎样活着”的核心问题。因此，引导大学生成就什么样的人生，即形成什么样的人生观和价值观，是社会主义核心价值体系引领下的高校校园文化建设的核心内容和重要任务。

由于大学生在现实社会关系中的地位不同，经济利益和政治立场不同，生活经历、人生境遇、认知水平不同，他们对人生的看法也会不同。特别是当今社会变革、利益关系调整和各种文化思潮碰撞激荡，给大学生的思想观念带来深刻影响，大学生的人生观、价值观也呈现出多元多样、复杂多变的特征。由于受各种错误思潮的影响和侵蚀，在一些大学生身上出现了诸如拜金主义、享乐主义、极端个人主义的错误人生观和价值观。面对错误思潮的冲击和影响，高校校园文化应承担起以先进文化引导大学生的责任，在培养大学生正确的人生观、价值观方面发挥其强大的力量。

二、以社会主义核心价值体系为引领，确立校园文化建设的原则

校园文化是我国高校传承与开拓的助力剂，在高等教育中发

---

① 马克思恩格斯选集(第1卷)[C].北京：人民出版社，1995，第56页.

挥着积极而重要的作用。建设优秀的校园文化是一项系统工程，要坚持符合我国高等教育的方针与政策，也就是既要在社会主义核心价值体系的引领下，注重多样性的延伸，也要把精神与物质加以协调统一，还要在积淀传承与创新发展中找到共同促进的平衡点，更要在秉持国情特色的基础上，拓展视野，面向世界。

（一）坚持主旋律与尊重多样性的统一

大学是人类文化传承、创新与发展的重要基地。大学不但要传承和创新知识，更具有熔铸、守望人文精神的神圣使命。校园文化建设是实现这一使命的必然途径，是高校精神文明建设的重要基础和重要前提。

高校必须建设一个文化层次较高的校园文化环境，传承大学精神，使广大青年学生能养成良好的思想道德品质。党的十四届六中全会决议提出的社会主义精神文明建设指导思想中，提出了“以科学的理论武装人，以正确的舆论引导人，以高尚的精神塑造人，以优秀的作品鼓舞人”的理论指示。这也就要求校园文化建设必须坚持正确的政治方向、价值导向和审美取向，贯彻党的基本路线和教育方针，高扬社会主义、爱国主义和集体主义主旋律。

当今社会处于文化井喷时代，各种类型的文化层出不穷，相互交融并得以发展。随着社会这种发展趋势，必将呈现出更大的开放性和适应性，文化多样性将是一种必然趋势。历史无数次证明保守和封闭只能走向停滞和僵化，建设高水平的校园文化必须使校园与社会联网，走开放之路，尊重主体多样性的发展。

当然，尊重校园文化多样性也不等于忽视主旋律建设的精神引领作用。文化主旋律和文化多样性是相互促进的关系，也就是必须坚持主旋律与尊重多样性的统一，这才是对校园文化建设应该持有的态度。

1.主旋律建设是校园文化应有的根基

（1）主旋律建设的重要性。健康向上的文化使人获得知识、陶冶情操、健康成长。因此，搞好校园文化建设有利于大学生思想道德素质和科学文化素质的提高与完善,扩大到整个社会,搞好校园文化建设是社会建设和精神文明建设的重要组成部分。同时,校园文化也表明着一所学校独特的风格和精神,是联系协调学校人际关系的纽带,是学校的形象和灵魂。校园文化对于整个高校的发展来说具有一定的引领作用,其建设无疑需要有坚实的精神基础、高端的思想起点、聚力的发展导向,需要一种强大的文化建设风向标。精神基础、思想起点、文化风向标无疑就是校园文化的主旋律。

(2)主旋律建设原则。校园文化主旋律建设,要切实坚持用科学的理论武装人,以促进校园文化主体思想观念的提高;用正确的舆论引导人,以营造弘扬时代主旋律的校园氛围;要切实坚持用高尚的精神塑造人,以提高校园文化整体水准;要以优秀的作品鼓舞人,以充实校园文化的内涵。

用科学的理论武装人,就是用中国特色的社会主义理论体系和党的方针、路线、政策来统一和提高高校师生的理论认识,并使之作为自身工作学习的核心内容和中心任务。广大师生员工思想活跃,当然也不免因时代的快速发展而产生迷惘和困惑。因此,在校园文化建设中,高校领导应重点加强理想和信念教育,用科学的理论帮助师生解放思想、提高认识,通过生动活泼、新颖独特的学习活动方式,使特色理论渗透到广大师生的心灵深处,并外化为主动适应改革、树立理想、努力学习的行动。

用正确的舆论引导人,就是要注重校园文化中优良的校风、务实的教风和严谨的学风的建设,在校园文化主体建设中要引导教师不断改进本职工作,增进学生的学习热情,从正面引导学生为中华崛起而勤奋学习,为自身成才而珍惜时光。同时应加强对学生的责任感教育,引导他们全面认识社会,了解国情,感受社会主义祖国前进的步伐,坚持把社会实践作为校园文化建设的重要内容来抓,使小课堂变成大课堂,调动社会力量来教育学生,从而扩大校园文化活动的外延,充实内容,增强育人效果。

用高尚的精神塑造人,既是时代的呼唤,也是校园文化主旋律建设的重要内容。高尚的精神，体现为邓小平反复强调的“有理想、有道德、有文化、有纪律”，也体现为江泽民概括的“解放思想、实事求是、积极探索、勇于创新、艰苦奋斗、知难而进、学习外国、自强不息、谦虚谨慎、不骄不躁、同心同德、顾全大局、勤俭节约、清正廉洁、励精图治、无私奉献”64字创业精神。高尚的精神既体现了我党及中华民族的优良传统和美德，也是社会文明、校园文明的重要标尺，是培养社会主义建设人才必须具备的重要素质。在当前，由于经济全球化和改革开放对高校师生带来的冲击，因而校园文化必须大力弘扬高尚的精神，使广大师生成为有高尚精神的校园人，用格调高雅的文化来教育和吸引学生，用崇高的时代精神来塑造青年学生。

(3)主旋律建设的重点。第一，和谐发展。和谐，是中华民族传统文化精神的精髓。学校的和谐发展，是落实科学发展观、构建和谐社会的具体行动，是发展社会主义先进文化、培养全面发展高素质人才、提升学校核心竞争力的需要，因而必须有一种凝聚人心的和谐的校园文化。

第二，爱国主义。爱国主义是中华民族的光荣传统，是民族精神的核心，是凝聚民族精神、激发爱国热情、动员和鼓舞人民团结奋斗的一面旗帜。高举爱国主义旗帜，学校德育工作要把爱国主义教育贯穿于校园文化的每个角落。适应学生心理发展特点，采取适当的形式，在各种活动和各科教学中，教师应使每个学生受到良好的爱国主义教育，培养出具有高尚情操、强烈荣辱感、乐于奉献和敢于承担重任的时代骄子。

第三，崇尚科学。高校是科学知识传播和创造的场所，因此在校园文化建设中，应注重科学方法推广，科学思想传播。只有这样，才能适应时代的发展，才能孕育出洁净的文化氛围，才能培养出社会的栋梁之才。

良好的学术氛围，需要师生的共同努力。高校要重视和加强校风建设，要形成对学生具有陶冶作用、对教职工具有凝聚作用、对社会具有示范作用的优良校风，形成求真务实的良好学习风气作为高校校园文化建设的主旋律。

2.要积极保持校园文化的多样性

校园文化是一种区域性的亚文化,会受到社会主流文化和高校办学特色的影响。由于地域文化和各高校办学特色的差异,各高校校园文化体现出多样性特征。首先在内容方面,各高校校园文化的心理和价值取向,风俗礼仪和伦理制度,都各不相同。其次在形式方面,各高校校园文化只有不断更新其形式,保持新鲜感,才能持久引起学生的兴趣。

一个没有多样化的、先进的校园文化支撑的高校注定要落后、前途黯淡。因此,高校校园文化应当营造不同的风格和特色。营造不同风格和特色的校园文化,除了继承和发扬一切优秀文化、体现时代精神和创新精神外,还必须具有明晰的世界眼光。在充分发挥高校潜在传统文化优势的同时,积极进行文化创新,让校园文化充满生机,富含旺盛的生命力。

校园文化活动内容、形式要多样化,既要融思想性和知识性于一体,又要具有娱乐性和实践性。因此,高校校园文化的多样性要在坚持主旋律的旗帜引领下,从校园文化内容和形式着手加以建设,主要从以下几个方面展开:

第一,进行政治文化建设,即坚持党的理论指导思想教育,大力倡导各种进步的社会意识,赞成和肯定一切积极的文化成果,反对和抛弃一切消极的和落后的事物,使高校师生具有鲜明的方向、较高的内在强度、稳定的根基和良好的行为养成。

第二,进行制度文化建设,即对学校各种规章制度、道德规范、行为准则的总和的多样化建设,包括大学章程、学术团体、校纪、校规、思想教育管理制度、奖惩制度以及在学校各项活动中延展性的文化标志。

第三,进行物质文化建设,即建设通过物质活动和各种有形实物所表现出来的多样性文化,包括建筑文化、设施文化和环境文化等。校园主体建设文化载体是指校门、教学楼、学生公寓、食堂、校内路径等;校园设备建设文化载体是指图书馆、体育场馆、学术报告厅、俱乐部、校史馆、娱乐场所以及相关的设备、器物;校园环境建设文化载体是指花草树木、亭台碑牌等以及由此所表现出来的人与环境的和谐感和审美体验。

(二)坚持积淀传承与创新发展的统一

文化是历史形成的。不经过一定的历史积淀和传承,文化的优秀品质难以体现。在高校长期发展的历史积淀中形成的、具有相对稳定性的文化传统意识是现代校园文化传统中最宝贵的部分,是大学抵抗挫折、谋求发展的顽强生命力的底蕴所在,是一所学校的灵魂,是一个学校精神与氛围的集中体现,也是高校赖以生存的根基,更是高校可持续发展的精神动力,对于稳定大学的风格和水准具有至关重要的作用。

大学能够得以持续健康发展的推动力源自优秀的高校校园文化。高校校园文化的建设与创造,既是一个继承、借鉴、创新的综合过程,也是一个德育与智育、科学与价值以及人与人相互作用、相互促进的复杂过程,需要精心构建,精心提炼,在实践中长期培育。传承高校的特色与优势文化依靠学校师生的共同努力与不懈创造。

1. 积淀传承,捍卫校园文化的坚实底蕴

高校校园文化总是产生于一种深刻的历史文化背景中。构建现代高校校园文化必须植根于历史,必须尊重历史,必须在积淀传承中发扬优秀的校园文化,这是高校精神之源。优秀而厚重的校园文化,先进的教育理念,争先的拼搏精神,熏陶了一代代高校师生,深刻滋养了师生的心灵,铺就了一批批德才兼备的人才的成功之路。这些极其宝贵的精神财富,是传承、发展、创造现代高校文化的依托之本和动力之源。对于高校,不论发展历史长短,发展的历程都是一笔财富,都是一种不可再生的教育资源。因此,高校的优秀传统文化必须传承、必须要让历经岁月淘洗的

文化经典和文化传统滋养师生心灵。

高校传承下来的优秀校园文化如一只无形之手,不断调节着师生的行为方式,规划出完整的校园文化系统,不仅可以为长期的高校精神文化建设打下良好的基础,还可以为高校师生描绘出一个富有激励性的奋斗目标和一条清晰可行的发展道路,既是学校发展的原动力,也能在高校内部产生一种强大的凝聚力和推动力,团结激励全体师生为实现学校的目标而自觉奋斗、甘于献身。因此,校园文化传统是一所高校的内在气质和根本价值追求,是经过长期发展积淀而形成的、以校内师生为主体创造并达成共识的价值观念、办学理念、群体意识、制度环境、行为规范等构成的价值观和教育信念体系。北大之所以为北大,清华之所以为清华,并且能在长达百年的时间里都保持住各自的特点,就是因为这些高校都有与众不同的校园文化,而且这种校园文化一代代地得到了积淀传承和创新发展。

校园文化是一所高校最值得品味的东西。现代高校校园文化建设,引领着高校各项建设的文化内涵,也引导、培育、鼓舞着师生开拓进取的精神,捍卫着校园文化的坚实底蕴,提升着人的素质和学校的品位,同时也与现代高校提倡的体制强校战略、人才强校战略、科研强校战略、国际化强校战略相包容,推动着各项战略在较高层面上的实施。

2.创新发展,传承校园文化的不竭动力

文化总是在一定传统基础上发展,并不断打破旧的传统、建立新的传统。高校校园文化作为一个发展的概念,同样应该在传承的基础上加以创新。对于高校校园文化而言,退回到象牙塔时代已不现实,封闭式教育对于培养新时期优秀人才也已力不随心。这就要求高校对校园文化进行统筹安排和管理,促进合力的形成,建立起优秀校园文化有效的激励机制,使校园文化建设在新的历史时期实现创新中的发展。

创新是一个民族进步的灵魂,是一个国家兴旺发达的不竭动力。高校校园文化的创新发展就是要以先进的办学理念引导校园物质文化建设，完善校园制度文化，创新校园精神文化，注重培育大学精神，创建鲜明的校园特色文化。在当今瞬息万变的信息化、多元化时代，世界上唯一不变的就是“变”。学校文化的营造也必须不断应变创新，才能与时俱进，才能充满生机和活力。

在校园文化阶段性发展的特征下，某一时期的校园文化的品质亦表现出多样性特点。能够最大限度地推动学校建设和发展的校园文化就是这一时期的优秀校园文化。在建立自身独特的校园文化的同时，高校必须自信且坚定地保持前瞻的态势，审时度势，依据其自身内外环境的变化及时对现有文化进行修正和补充，使之不断完善，形成校园文化良性循环的机制。当前，高校外界环境的不可预期性变化对校园文化的影响日益显著，尤其是具有双刃剑作用的社会大众文化和市场经济对师生思想和行为的影响日益突出。思想趋于成熟过程的大学生有时看不到其负面影响，极容易漠视积淀传承的校园文化中人文主义的终极关怀精神。同时，新时期大学生自身思想也呈现出复杂多变的新特点，如学习压力、就业压力、经济压力、心理压力等发展性压力明显突出；学生素质的参差不齐、单亲或独生子女所具有的自我心理、生源成分的复杂化等因素导致在思想观念、价值取向、生活方式和成才意识等方面呈现出多样化的趋势和特征。所有这些都要求以创新的意识加强校园文化建设，使之更好地对大学生形成优化引导作用。

（三）坚持立足国情与面向世界的统一

呼唤面向世界和未来的校园文化创新已成为全球高等教育发展的一大潮流。面对经济全球化的挑战，校园文化不能回避（事实上，它也回避不了），而应积极主动地融入世界大潮之中，通过与大风大浪的搏击，使自己的羽翼逐渐丰满，从而实现国际化与民族化的统一，实现自身的完善和发展。

1. 坚持立足国情与面向世界的统一是校园文化发展的基本要求

在长期的发展历程中,校园文化逐步形成了自身的特点,这些特点又反过来对校园文化的发展提出了更高的要求。

(1)坚持立足国情与面向世界的统一是由校园文化的特点所决定的。

第一,校园文化是开放的。特别是在对外开放的程度和范围都迅速拓展,对外联系不断加强的今天,校园文化也要全面融入世界文化之中,其开放性更为突出。校园文化成了中西文化的一个重要交汇点,已处于一个全方位的开放环境中。面对西方文化的大量涌入,校园文化显然不能重蹈“闭关锁国”的覆辙,而应积极主动地打开校门,把西方文化中先进的、积极的东西请进来,营造出校园文化发展的国际化氛围。

第二,校园文化的形成和发展过程,也是一个积累的过程,是对我国传统文化的继承发展过程,因而校园文化具有历史传承性。我国当代国情是当代校园文化的基础和本源,当代的校园文化也只有立足我国发展的现状,才有创新和发展的可能。在我国的民族传统文化中,有许多优秀的道德思想和重要的精神资源值得当代人学习,尤其是被市场经济和西方思潮冲昏了头脑的个别学生,更应当将其作为重建人生信念的范本。而且,校园文化还具有整体性的特点,即校园文化反映的是整个校园各个方面的内容,既有物质的,也有精神的;既有制度的,又有活动的,是校园这个地域范围内一切社会存在与社会意识的综合。

因此,它也要求校园文化对校园外的文化采取“兼收并蓄”的态度,对一切有利于校园文化发展的形式和内容,都大胆加以借鉴利用:不仅要虚心学习西方文化中的先进成果,推进校园文化的现代化,实现校园文化发展的国际化;也要重视我国传统文化所透射出的民族精神及其强大凝聚力,立足我国当代国情,创设为祖国四化建设而奋斗的理想信念氛围,完善校园文化发展的民族化。在校园文化的发展中,学校管理者不能抱有成见,厚此薄彼，要大胆吸收一切有利于校园文化发展的先进文化，为我所用，为祖国建设所用。

(2)校园文化的内容要求其发展必须坚持面向世界与立足国情的统一。

社会存在决定社会意识，社会存在发生改变，社会意识也必须通过调整或发展，去满足、适应社会存在的变化要求，才能构建社会的和谐与安宁。校园文化是一种社会亚文化，也要受这个规律的支配，受社会存在尤其是校园现实的决定影响。校园文化一直都在紧随社会的发展而发展，其内容都在为适应时代发展的要求而不断更新。特别是在当今这个科技迅猛发展、社会变化日新月异的时代，一系列的思想观念、精神意识应运而生，竞争、合作、时效、诚信、创新等，已成为社会客观存在的现实或人们广泛追求的目标。坚持把国家发展需要与吸收世界先进文化的统一作为立足点是高校校园文化发展的重点。立足国家发展需要，在校园中创设为祖国建设服务，为全面建成小康社会努力的思想氛围；吸收世界先进文化，在学生学习和生活中树立争当优秀的理念，把学生教育放在世界舞台之中，和当今世界最先进的技术和文化进行比较，激励学生努力学习。

校园文化理所当然应该把改革创新的时代精神作为一个重要的组成部分去发展，让这些观念深入人心。但并不是说，它们一进入校园文化就是进了保险箱，就能让它们立即成为校园人的品质，它还有一个长期的不断强化的过程，需要坚持面向世界与立足国情的统一。坚持面向世界，能让校园人接触西方的一些先进的文化思想，而它也正是许多校园文化新内容的“发源地”或突出表现地，从而使校园人对它们的理解认识更为深刻。坚持立足国情，能让校园人在更亲切的文化氛围中挖掘这些“新内容”，这些内容在我们博大精深的民族文化当中几乎都能够体现，从而更能为人们认同并尽快习惯。坚持面向世界和立足国情的统一，则能够统筹兼顾，使两方面的长处同时得到发挥，更有效地落实贯彻这些思想，满足校园文化内容上的发展要求。

2.校园文化对面向世界与立足国情的应有态度

面向世界和立足国情是校园文化发展的要求和方向,它们也是对立并存的。只有端正了对它们的认识态度,校园人才有可能将其作为一项原则去贯彻实施。

从根本上说,对待面向世界和立足国情的态度是与我们对外来文化和传统文化的态度完全一致的。对外来文化和传统文化,校园文化的基本原则是采取分析、辩证的态度,积极利用其合理成分,并结合具体情况加以批判继承、消化吸收。因此,这也是我们在看待面向世界和立足国情时的总方针。但长期以来,校园文化在实际发展中,往往偏离或忽视了这个方针,完全凭主观臆断,感情用事,这是制约校园文化发展的重大问题。

(1)校园文化与外来文化的排斥与交融。这既有两者间客观存在的对立统一原因,也有校园人和教育管理者的人为因素,尤其是后者,对校园文化的影响相当大。“高等教育国际化的深刻含义,是为未来社会培养具有广阔的国际视野和全球责任意识,尊重别国文化和他人权利,热爱和平,热爱自然的人才。可以说,国际化的高等教育是一种提倡国际理解和世界团结的教育。”在这些有利的客观形势和条件下,我国高校校园文化必将逾越传统的文化结构,提高自己兼收并蓄的能力,对外来的异族文化少一些排斥,多一点交融,积极主动地吸收它们的先进文明,形成一种多渊源、多层次、开放性的文化。由此可见,校园人对外来文化的主观认识极大地制约着校园文化的发展,当然,它并不起决定作用,国际化是校园文化发展的必然趋势,人为因素只能加速或减缓其发展进程,影响其程度的高低。

(2)反对校园文化在传统文化态度上的两种倾向。校园文化的民族化问题,从根本上说,就是校园文化在传统文化上的认识态度问题。认识正确了,态度端正了,就能促进校园文化的民族化,反之就会产生阻碍作用。校园文化是在传统文化的基础上形成、发展、壮大的,它们之间是树枝与树根、清泉与源头的关系。

但不少校园人没有看到这一点，而以反传统的面貌出现，追求现代，追求新潮，主张抛弃我们宝贵的文化遗产，割断历史，割断传统，完全否定了民族传统文化。

也有部分校园人体会到了传统文化的丰富内涵，特别是在现实生活遭受挫折或强大的社会压力下。他们更愿沉浸在温馨的传统文化之中，从而夸大了传统文化的作用，采取食古不化的态度，倡导“国粹主义”。这两种截然对立的倾向都是错误的，必须坚决反对。毛泽东曾指出：“对于中国古代文化，同样，既不是一概排斥，也不是盲目搬用，而是批判地接收它，以利于推进中国的新文化。”社会主义制度下的校园文化，在对待我们的民族传统文化的态度上，应坚持马克思主义的立场和原则，稳步推进校园文化发展的民族化。

三、校园文化建设的主要路径

（一）坚持校园文化主旋律建设

健康向上的文化使人获得知识、陶冶情操、健康成长。因此，搞好校园文化建设有利于大学生思想道德素质和科学文化素质的提高与完善，扩大到整个社会，搞好校园文化建设是社会建设和精神文明建设的重要组成部分。同时，校园文化也体现着一所学校独特的风格和精神，是联系协调学校人际关系的纽带，是学校的形象和灵魂。校园文化对于整个高校的发展来说具有一定的引领作用，其建设无疑需要有坚实的精神基础、高端的思想起点、聚力的发展导向，需要一种强大的文化建设风向标。精神基础、思想起点、文化风向标无疑就是校园文化的主旋律。

校园文化主旋律建设，一是要切实坚持用科学的理论武装人，以促进校园文化主体思想观念的提高；二是用正确的舆论引导人，以营造弘扬时代主旋律的校园氛围；要切实坚持用高尚的精神塑造人，以提高校园文化整体水准；三是要以优秀的作品鼓舞人,以充实校园文化的内涵。

(二)开展多样性的校园文化活动

高校校园文化含有高度的知识性、学术性和科学性,充满了生机和活力、进取和开拓,内容丰富、水平较高。因此,要创新形式,开展丰富多彩的校园文化活动,坚持不懈地用社会主义核心价值体系武装教师、教育学生。

首先,在理论认知层面,校园文化活动要坚持以马克思主义为指导、为灵魂,始终围绕中国特色社会主义共同理想这一主题,抓住爱国、创新这一精髓,以实践社会主义荣辱观作为基础,通过各种知识竞赛、辩论、学习报告会等形式,唱响主旋律,努力在校园文化建设中增强社会主义意识形态的吸引力、感染力和影响力,引导广大师生坚定马克思主义的指导地位,坚定在中国共产党领导下走中国特色社会主义道路的信念,使社会主义核心价值体系真正成为大学生的主导认知。

其次,在情感认同层面,通过红五月红歌会、红色歌曲大赛、经典戏剧展映、“党在我心中”演讲比赛、“一二·九”文艺汇演等主题活动,将校园文体活动赋予社会主义核心价值体系教育的精神内涵。

最后,在实践践行方面,通过志愿服务、参观、调查、咨询服务、社会劳动、“三下乡”等社会实践形式开展以社会公德、职业道德、家庭美德和个人品德为主要内容的思想教育,引导广大师生自觉遵守爱国守法、明礼诚信、团结友善、勤俭自强、敬业奉献的基本道德规范,树立社会主义荣辱观,建构立足校园、服务社会的校园文化辐射体系。

(三)加强环境建设

加强校园文化的环境建设,主要包括自然环境与人文环境。

第一,重视校容校貌等物质文化建设。校容校貌建设包括学校的建筑风格、绿化美化的程度、自然风景特色、环境整洁水平、设备现代化层次等。校园内应有与本校相关的大家、名师的雕像，主题文化广场，校友捐赠的奇石，校园的花草树木，学校的文明标志牌等。校容校貌建设这种物质文化一方面能够通过治学前辈的名言在精神上激励大学生进一步前行，另一方面能够通过包括学校格局在内的各种“艺术精品”培养大学生的审美情趣，强化大学生辨别美的能力。

第二，注重校园人文环境建设。校园人文环境是一个大学生对自己学校最为值得自豪和骄傲的内容。“大学之大，非大楼之大，乃大师之大”。大师之大总起来说就是校园的人文环境建设，大师的精神传递要通过校史、板报、宣传窗、校训标志、电子标语等方式向学生进行传播。所以校园的人文环境建设能够起到对师生的人文情趣的引导作用。

（四）坚持传统文化与西方文化融合发展

随着社会生活国际化程度越来越高，社会思潮的不断进入，西方文化越来越被大学生所熟悉并接受，这就要求高校校园文化建设应该在坚持大力发展传统经典文化，宣传主旋律的基础上，积极吸纳西方文化的精髓，引进国内外优质文化建设资源，充分发挥高校校园文化的教育功能。

1.积极弘扬传统经典文化

中国传统文化，指的是以中华文化为源头、中国境内各民族共同创造的、长期历史发展所积淀的文化。积极弘扬传统经典文化，首先，必须坚持马克思主义的指导地位。马克思主义理论是指导中国特色社会主义建设的理论基础，为我党代表先进的文化指引了方向，因此，我国高校校园文化建设中必须坚持马克思主义的指导地位不动摇。坚持马克思主义的指导地位，在新时期，就是要用社会主义核心价值观教育人民，在社会中形成共同的理想追求和精神支柱。其次，应传承和发扬中华民族的优秀传统文化和民族文化。民族的就是世界的。中华文化作为世界文化的重要组成部分,自身的繁荣发展是世界文化繁荣发展的根基,中华文明的发展进一步促进着世界文化的发展。除了营造良好的传统文化教育环境,借助现代各种媒介进行大力宣传,积极引导他们学习、了解传统文化的相关内容外,高校还应帮助大学生提高对中国传统文化和历史知识的重视程度,从而更好地把自己塑造为适应社会和时代前进所需要的复合型人才。

2.吸收借鉴西方文化精髓

高校校园文化建设应注意帮助大学生树立正确的民族意识与国家意识,对本民族和民族文化保持高度的自豪感和自信心,同时引导学生正确认识西方文化,避免大学生对西方文化的盲目崇拜。具体做法如下。

第一,建立现代大学制度,形成与国际接轨的大学管理体制。

第二,加强学生的各种国际交流,开展各种国际学术交流与合作。我国高校应进一步适应自身国际化发展需求,努力创造条件增加出国留学和来华留学的人数,有效地创造我国高校学生到国外学习的机会,增加出国留学的人数。面对国际化的迅速发展,我国高校校园文化建设另一个非常重要的任务和内容是,要大力加强国际间的交流,在国家间进行合作研究。这一方面有助于我国高校校园文化建设培养国际化的人才,另一方面也将强化我国高校的国际学术研究。

第三,吸取西方文化的精髓。高校校园文化建设应在各种国际交流活动中,注意剔除西方文化的糟粕,把握其民主、法制、自由和平等、宽恕与博爱等是西方主流文化的精髓,并将之贯穿于校园文化建设之中,与传统文化交叉融合,相互补充、相得益彰,培养学生更加健康的人格和素质,以充分发挥高校校园文化的教育功能。

第七章 大学生党团组织的建设与推进

大学班级、党团建设工作是大学生思想政治教育的重要组成部分，是我党行之有效的优良传统，是帮助大学生健康成长成才的有效手段。高校只有加强班级建设和党团建设，才能充分发挥我党的政治优势和组织优势。

第一节 大学生党建

党的领导是大学生思想政治教育的核心保证，坚持党委的统一领导，首先必须明确党委的领导职责。党委的统一领导并不是事无巨细，均由党委过问，党委领导主要是政治方向领导、决策领导、协调和监督领导。党委要贯彻落实中央和有关部门关于大学生思想政治教育的文件精神，领导学校思想政治教育目标的制定、计划的安排，负责思想政治教育方面的重大决策、机构设置，统筹协调各部门的思想政治教育工作，整合学校思想政治教育资源的力量，形成思想政治教育合力，通过联席会议、听取报告、学生反馈、相关评估等渠道掌握学校思想政治教育情况并进行监督；坚持党委的统一领导，必须确立党委书记的责任。党委领导是集体领导，对思想政治工作集体负责，每个党委成员都是思想政治工作的责任人。

一、当前大学生党建工作所面临的主要问题

在社会发展的新形势下，大学生党建工作面临着发展机

遇的同时也面临许多新的问题,机遇与挑战并存。当前及今后一个时期,我国大学生的党建工作应重点解决以下几个问题。

(一)多元价值观念与主流价值导向之间的冲突

当前,国内形势正在发生深刻变化,全球化对我国的影响正由经济领域向社会生活等各个领域扩展的趋势,使得全国范围内的各种思想文化相互激荡、冲突。作为文化阵地的高校,必然会受这一股潮流所影响。大学生党员也同样避免不了。一些封建迷信和愚昧落后的思想观念也沉渣泛起,对部分学生党员的世界观、人生观和价值观产生消极的影响。外部环境的复杂性将对大学生党员的培养教育产生巨大的冲击。市场经济法则的不适当运用、体制转型带来的多样化社会发展趋势、信息技术的飞速发展和普及、非主流意识形态对主流意识形态的冲击等对大学生党建工作的影响最为重大,如果应对不当,将直接影响大学生党建工作的成效。

(二)实际绩效的提高与制度建设不足之间的矛盾和挑战

党中央、国务院之前提出“班级有党员,年级有支部”的学生党建要求,经过不断的努力,总体来说,各高校基本实现了党建要求。但由于国家对学生党组织的设置问题没有明确,所以学生党组织设置上存在一些问题。表现在两个方面:一是学生党员队伍不断扩大,学校从事学生党建工作的党务工作者队伍变化却不大,两者间数量上存在相当的矛盾,这需要高校从事学生党建工作的同志付出更多的时间和精力,对他们也是一个考验;二是过于庞大的大学生基层党支部没有进一步细化,学生党员在学分制的情况下也很难组织,因此组织生活开展的可能性很大,这就不利于对学生党员队伍中新老党员的教育和培养。面对这种情况,从组织的角度来有效组织学生党员开展活动,很难取得实效。

针对这些问题,从中央相关部委到各高校,近年来都在着力解决。大学生党建工作的制度建设也有了很大改进，成效也十分显著。不过，也要看到，大学生党建工作制度的建设仍然不强。比如，中央根据高校的总体情况做出的规定较为宏观，一些高校实施起来没有得到细化和深化，针对性不强，落实效果有待提高；现有的大学生党建工作制度还不够科学、合理、完备，需要进一步探索完善，尤其是在大学生党建工作流程化、精细化的管理机制和绩效考核的指标体系方面；党建工作与学校人才培养、科学研究等工作的配合与衔接的制度、机制不够完善，导致相关工作出现脱节；各高校在大学生党建工作中制度创新的水平和能力不平衡，有的高校党建工作制度创新的水平和能力亟待提高。如何通过改革创新，进一步完善大学生党建工作的制度体系，是摆在理论研究者和党建工作者面前的一个重要课题。

（三）载体、手段创新不足与发展需求多样之间的矛盾和挑战

大学生群体具有思维活跃、需求变化多样性的特征，要提高大学生党建工作的成效，必须迎合大学生群体的需要。但从目前的情况看，与多样性的大学生特点和要求相比，大学生党建工作仍然存在工作载体、工作手段不足的现象，相当部分高校党建工作仍然停留于过去的套路，创新不够。比如，对校园内丰富的载体资源利用不足，对网络、文化、仪式等载体的认识和发掘不足，对思想政治教育内容和形式的拓展不足。这些不足，使得大学生党建工作的载体、手段与大学生的需求、特点之间的矛盾比较突出，如何应对这个矛盾和挑战，是我们要着力研究的课题。

（四）数量急剧扩张与质量保证提升之间的矛盾和挑战

有数据显示，近几年来，全国大学生每年发展党员数量均超当年全国发展党员总数的1/3。尤其是近三年来，各高校发展大学生党员的力度更大。现在的高校学生党员大都出生于20世纪90年代，与之前的大学生党员相比有新的特点：

(1)心理发展期普遍呈现前移的特点；

（2）独生子女，自理能力相对较差；

（3）社会阅历严重不足，心理成熟期又呈现出后移；

（4）生理发展和心理成熟距离拉大，心理稳定性和承受力差，理性思维相对欠缺，缺乏社会责任感。

当他们处于当今这样一个复杂多变，各种思想文化相互交织，各种社会矛盾相互冲突的时代，容易迷失前进的方向，引起价值取向的多元化。如何在大学生党员数量不断扩张的情况下，保证和提高大学生党员的质量，是当前和今后一段时期大学生党建工作的一大矛盾和挑战。

（五）主体能力素质与工作创新发展之间的矛盾和挑战

近年来，以二级学院党委（系党总支）副书记、学生政治辅导员、学生党支部书记为主体的大学生党建工作队伍建设取得了显著的成绩，大学生党建工作有了一批高学历、高素质、专业对口的大学生、硕士研究生甚至博士研究生的生力军的加入，这对大学生党建工作的创新和发展提供了有力保证。但是，与大学生党建工作的要求相比，这支队伍的总体素质仍然存在不足。一是人员队伍变化跟不上工作量的要求。在高校扩招背景下，高校学生和学生党员人数急剧增加，学生党建工作量不断加大，不少高校学生党建工作人员数量出现短缺，客观上加重了学生党建工作队伍的负担。二是人员素质难以适应工作需要。随着形势的发展和学生的变化，一些从事大学生党建工作的教师在政治理论水平和业务工作能力上出现了不适应的现象；新入职的大学生党建工作人员无论知识储备或是工作经验都存在不足。三是高校的其他工作影响学生党建工作。随着高校改革进程的加快，高校教职员工普遍面临着巨大的竞争压力，受效益观念和建设综合性大学要求的影响，学术科研成为高校工作主题，高校完美的从学校变成了科研院所。而学生党建工作往往得不到员工应有的重视，学生党建工作者也很难接受到学历再教育和培养提高工作，使得他们的理论和管理水平难以适应工作需要，这些都直接影响了学生党建工作的质量。

二、当前大学生党建工作的主要途径

（一）坚持党委的统一领导

党的领导是大学生思想政治教育工作的核心保证，坚持党委的统一领导，首先必须明确党委的领导职责，党委领导主要是政治方向领导、决策领导、协调和监督领导。其次，坚持党委的统一领导，必须确立党委书记的责任。党委领导是集体领导，对思想政治工作集体负责，每个党委成员都是思想政治工作的责任人。在党委班子中，党委书记是班长，对党委决策具有重要的影响作用，在党委集体负责人中自然是第一责任人，一所高校能否在党委领导下，真正将思想政治教育搞上去，关键在一把手是否重视。

（二）加强大学生党组织的思想建设

思想建设是学生党组织建设的首要任务。学生党组织建设工作者应适应不断发展的形势，针对高校实际，特别是学生思想实际，以切实有效的措施，抓好思想建设工作。一是构建学习教育体系的多样化。二是加强学生组织建设，强化学生组织教育功能。

（三）严格大学生党员发展程序

大学生党员的发展应从严把握党员标准的基础上，严格遵从党员发展的程序，坚持政治审查、集中培训、发展对象公示、党组织集体讨论表决等程序，把符合条件的优秀大学生吸收到党的队伍中来。各院、系在初步确定发展对象后，把相关资料报到学校，学校组织部门在审查后，把发展对象的基本情况进行整理、汇总，然后召集学生处、团委等进行联合会审，严格筛选，共同把关，保证新党员的质量。对发展对象进行系统、严格的培训，把培训表现作为考察、审批的重要内容。在发展对象通过会审初步确定后,学校组织部门要组织具有丰富经验的党务工作者组成考察组,直接到学生和老师中听取对该学生的意见,全面了解每个发展对象的情况。对具备条件的,要及时研究并报党委审批;对不符合条件的,宁缺毋滥,坚决不予审批,但要说明理由,做好解释工作。

(四)建立纵向型大学生党支部

在新时期以科学发展观指导高校学生党建工作,应该坚持统筹兼顾的原则。根据这一原则,可采取学生党支部与教师党支部共同建设,互相支持帮助,试行有关教师党员过双重组织生活的组织管理模式。一是要在学生党员培养人上进行共建。二是要坚持学生党支部书记由专业教师担任,副书记由学生党员担任的原则。三是要将班主任作为共建的重点。四是要在科研以及服务社会方面实现共建。

三、高校大学生党建工作的创新

进入新世纪以来,大学生党建工作的思想政治教育功能进一步强化。大学生党建工作在实践中不断创新,是新阶段党的建设一个新发展,也为当前大学生党建工作提出了许多行之有效的对策。

(一)加强大学生党组织的思想建设

思想建设是学生党组织建设的首要任务。学生党组织建设工作者应适应不断发展的形势,针对高校实际,特别是学生思想实际,以切实有效的措施,抓好思想建设工作。

1.坚定大学生党员的马克思主义信仰和理想信念

党的十八大报告指出:“对马克思主义的信仰,对社会主义和共产主义的信念，是共产党人的政治灵魂，是共产党人经受住任何考验的精神支柱。"[①]这一重要论断，深刻阐明了马克思主义信仰是共产党人不懈的精神追求，揭示了新形势下坚持马克思主义信仰的极端重要性。

大学生党员作为中国党员团队的重要组成部分，必须坚持马克思主义信仰不动摇，坚定中国特色社会主义的共同理想，才能在不断变化的时代潮流中保持自身的纯洁性。

2.构建学习教育体系的多样化

在组织大学生思想政治理论学习的时候，一方面要抓好传统的学习方式，比如上党课、举办培训班、举行报告会和组织专题讨论等形式，有计划地组织好党团员的集体学习，积极倡导党团员自主学习，另一方面要注意当代大学生学习需求的多样性，采取举行活动的形式，寓教于乐，进行学习。总之建立健全学习的方式方法，建立系统的述学、评学和督学制度，由党组织对党团员理论学习情况作出评价，给党团员学习做出有益的反馈。

3.改组学生组织建设，强化学生组织教育功能

学生党团组织，是高校党团组织的最基本单元，是学生组织生活的主要场所。学生党团员对党的信念还不坚定，要加强学习型党支部建设，对学生党团员进行经常性教育，把社会主义核心价值体系融入党团员教育的全过程。针对学生党团员的特点，改进和创新党支部的工作和活动方式，创新教育活动方式，增强活动的教育效果，使党组织的教育活动既严肃认真又生动活泼，贴近学生党团员的思想、学习和生活实际，成为学生党团员喜闻乐见的活动方式。

① 认真学习党的十八大精神人民日报重要报道汇编[C].北京：人民日报出版社，2012，第18页.

(二)加强大学生党组织的文化建设

大学生党组织文化是高校大学生党组织及其成员的物质文化和精神文化的总称,其中物质文化包括大学生党建工作中环境和制度的建设,精神文化包括大学生党建工作中表现出的意识形态、价值观念、组织心理等。

1.物质文化建设

物质文化建设是大学生党组织文化建设的基础,是开展各种文化教育、宣传的载体,是开展各类文化活动所需要提供的重要阵地。物质文化是高校最显而易见的文化,是人们感官所能直接触及的客观存在物,是在校大学生感受党的气息和党的关怀的重要方式。校园的建筑风格、布局合理性等都在不同程度上反映出学校的文化背景和文化底蕴,各种建筑物、图书资料、广播、教学科研设备、电视和互联网等都是大学生学习、生活中需要运用到的实物。校园物质环境的构建,既是校园中物质需求的体现,也是精神需求的一种反映和满足。

2.精神文化建设

精神文化建设是党组织文化建设的最为重要的部分,是大学生党组织文化建设的核心。大学生党组织文化的精神文化建设,是一个校园传统的重要体现,是大学生接受党的思想的重要渠道。精神文化建设,涉及学生学习的方方面面。它首先涉及学生群体的世界观、人生观、价值观建设,为学生的人生指引方向;其次,精神文化建设的课堂文化建设,对端正大学生党员学风有十分重要的意义;最后,精神文化建设中的校园文化建设,是大学生党员感受人民群众监督的重要方式。精神文化建设不是一朝一夕的事,要经过长时间的沉淀及孕育才能取得效果。建设大学生党组织的精神文化,必须有效发挥课堂文化积淀、科技学术活动促进、高雅文化熏陶,进而在广大学生群体中产生共鸣,引领学生崇尚科学、培养创新精神，提高大学生文化素质及校园文化品位。

3. 制度文化建设

制度是一个组织核心凝聚力重要保证，对于组织内部成员具有较大的约束力。大学生党组织文化建设的中的制度建设包括党的规章制度建设、组织机构建设、党的优良传统建设。在维护学生党组织的健康发展要求中，制度文化是学生党组织文化建设的框架，制度文化建设也是大学生党组织文化良性发展的保障。

4. 行为文化建设

大学生党组织的行为文化除了和其他基层党组织一样具有相似的行为文化，还具有自身一些特殊性。大学生党组织的特殊性表现在大学生喜欢追求时尚表现自己等。行为文化可以说是学生党组织的组织文化在经过内部教育、学习、领会后内化到广大党员的过程和外显，是党组织的主要显性部分。因此行为文化建设是大学生党员党风的重要体现，是大学生党员在人民群众中的在很大程度上决定着大学生党员能否展现先锋模范作用，直接关系到党的形象和威信，因此，行为文化建设同样是大学生党组织文化建设的重点。不过，行为文化的塑造不是一天两天就能达到效果的，良好的行为文化的养成是一个需要持之以恒的过程。

（三）积极慎重做好大学生发展党员工作

大学生党员的发展应从严把握党员标准的基础上，严格遵从党员发展的程序，坚持政治审查、集中培训、发展对象公示、党组织集体讨论表决等程序，把符合条件的优秀大学生吸收到党的队伍中来。各院、系在初步确定发展对象后，把相关资料报到学校，学校组织部门在审查后，把发展对象的基本情况进行整理、汇总，然后召集学生处、团委等进行联合会审，严格筛选，共同把关，保证新党员的质量。对发展对象进行系统、严格的培训，把培训表现作为考察、审批的重要内容。通过不同形式的培训，进一步提升发展对象的党的理论知识水平,强化党性修养,促使其在日后的工作、生活中自觉地按照党员的标准要求自己,达到教育、培养发展对象的目的。在发展对象通过会审初步确定后,学校组织部门要组织具有丰富经验的党务工作者组成考察组,直接到学生和老师中听取对该学生的意见,全面了解每个发展对象的情况。定期召开学生党员发展工作例会,及时研究处理发展党员工作中的有关问题,严格审查发展对象。对具备条件的,要及时研究并报党委审批;对不符合条件的,宁缺毋滥,坚决不予审批,但要说明理由,做好解释工作。

(四)构建完备的党员教育培训保障机制

随着大学生党员队伍规模的扩大,大学生党员培训的任务也越来越繁重。为确保大学生党员培训工作长期、扎实开展,必须挖掘、整合和开发教育培训资源,建立起强有力的教育培训保障机制,为大学生党员培训工作提供良好的物质条件和充足的经费支持。

1. 健全校院(系)两级党校,发挥党校作用

《中国共产党普通高等学校基层组织工作条例》明确规定,高校党校是教育培训党员、干部和入党积极分子的学校,是党员、干部党性锻炼的熔炉,是大学生党员教育培训的主阵地。要充分发挥高校党校的作用,首先应加强党校建设,完善相应地规章制度,健全组织机构,提高各级组织工作质量。其次应在师资队伍上把好关,提高师资人员教学水平。

2. 拓展培训阵地,提高大学生党员实践教学质量

大学生党员培训基地是对大学生党员开展党性教育、先进性教育、纪律教育的重要平台,是大学生党员开展实践锻炼的重要途径,也是大学生党员开阔眼界、增强党性的重要载体。

(1)适应大学生党员培训的实际情况,在一些党建工作的优

秀单位建立大学生党员培训基地，并在一定阶段组织大学生党员进行实践锻炼，深化对党的方针政策的认识。

(2)有重点的选择革命纪念场馆作为大学生党员参观场所，加强大学生党员关于党的历史方面的教育。

(3)选择监狱、少管所以及反腐倡廉教育基地，通过参观考察，培养大学生党员的廉洁意识，加强大学生党员的党纪教育。

3.整合数字资源，拓宽党员培训平台

(1)加强主流媒体资源建设，发挥其主渠道作用。高校党校要充分利用主流媒体资源，加强校内宣传工作。

(2)开发远程教育资源，积极利用互联网的优势，开发党员培训新资源。高校各级党组织可以通过资源共享的方式，整合大学生党员培训资源，实现党员培训体系的多层次化。

4.优化整合师资、教材资源

精良的师资队伍和适合大学生党员培训的教材是开展大学生党员培训工作的基础。要建设一支高素质的党员培训师资队伍，编写一套适合大学生党员培训需要的教材，必须优化整合现有的培训资源。

(1)加强师资队伍建设。师资队伍决定了大学生党员教育培训的整体质量。高素质的师资队伍，是实现教学方式、教学手段创新的重要条件。有了高素质的师资队伍，才能加强教材建设，不断将实践经验和教学成果融入教材，提高教育培训的针对性。

(2)加强教材建设。好的教材，是引领大学生党员不断加强党性修养的良师益友。各高校要根据大学生党员特点，编写适合大学生党员提升自我修养和党性锻炼的教材，满足大学生党员教育培训需要。

第二节 大学生班级建设

班级是大学生思想政治教育组织路径的基本单元,是大学生的基本组织形式,是大学生自我教育、自我管理、自我服务的主要组织载体。其特点是集中性、统一性、规范化,具有团结学生、组织学生、教育学生的职能。

一、当前大学班级建设存在的问题

(一)学分制在一定程度上弱化了班集体组织学习的功能

当前的学校教育中,绝大多数学校都推行了学分制改革。学分制的优点在于能够充分调动学生的学习积极性,激发学生的主动性,发挥学生的个性,最大限度地尊重学生学习的主体性。但对于学生工作来说,学分制弱化了大学生班集体组织学习的功能,对大学生班级群体教育产生了不小的冲击。在学分制教学模式下,学校提供各种便利条件,准许学生自主选专业课、选任课教师、选上课时间、选修业年限。班级中的同学可以根据自己的偏好自主安排个人的学习,班集体集中统一组织同学学习的可能性变得越来越小。学生依托班集体进行学习的观念越来越淡漠,班级和年级概念也越来越淡化了。而从我国现有高校的教育分层集中管理模式来看,学生管理的一切措施力求标准化、规范化,这给大学生班级群体教育提出了不小的挑战。

(二)班级组织体系受到削弱,淡化了学生的班级集体概念

大学生刚刚入校时,由于对新环境比较陌生,人的行为具有明显的谨慎性,他们急于寻求组织的归属感,也乐于遵守学校的规章制度,再经过入学教育、军训等强化性集体活动,这时的集体

观念是最强的，班级也能够很好地把同学组织起来，班委会和团支部的威望也是比较高的。但随着环境的熟悉、强化性集体活动的结束，这种浓厚的凝聚力和较强的组织体系很快便瓦解了。尤其是毕业班的同学，由于找工作的任务，赶招聘会、参加面试、实习等，这些大都属于个人行为，最多也只是三两个同学一起，班级群体在这方面发挥的作用微乎其微，而辅导员也只能起到督促和指导的作用，班级的群体教育几乎名存实亡了。

（三）辅导员工作事务性特征对班级教育连续性实施有一定的影响

在当前高校辅导员的工作中，对班级群体教育的实施还存在诸多不尽如人意之处，最主要的问题就是辅导员事务庞杂繁多，从而在很大程度上影响了班级群体教育的连续性。

二、大学班级建设重要途径

进入新世纪以来，立足新的历史起点，着力加强班级建设，充分发挥班级的思想政治教育功能，成为推动大学生思想政治教育发展的重要任务。

（一）注重班级建设的自我设计

要着力加强班集体建设，组织开展丰富多彩的主体班会等活动，发挥团结学生、组织学生、教育学生的职能。这可以从以下两个方面入手。

(1)关注学生个性，将学生的个体发展纳入班级整体格局之中。学生发展存在差异：就学业表现来说，有成绩优秀者、成绩居中者和暂时落后者；就行为表现来说，有班级活动的骨干分子、积极参加者和暂时孤独者。这些差异都可以成为班级管理的教育资源。可以帮助学生建立三个层面的班级人际关系网络，帮助同学们联系感情。

(2)做好学生的心理辅导。大学生思想政治教育者应当成为学生信任、亲近的人,以期待、平等的眼光看待学生,期望每一位学生健康成长,尊重、关心、信任他们,真诚地发现学生的长处,平等待人,在平等相处中建立师生间的信任关系和双向交流,消除学生疑惧心理与对立情绪,缩短师生心理距离,从而形成一种老师关心学生、爱护学生,学生尊重老师的教育情境,建立融洽、合作、互相支持、互相理解的师生关系。

(二)优化班级建设的运行机制

在弹性学分制等因素的影响下,班级成员在时间和空间上的离散程度高,因此加强同学间相互交流和有效沟通,建立通畅的沟通渠道是非常有必要的。可以从以下四个方面入手。

(1)加强班会的开展。只要班主任和学生们对班会善加利用,就可以在学生之间、师生之间、老师之间创造更有成效的沟通机会。

(2)组建学生合作小组。组建小组的方式可以多样化,并根据实际需要灵活调整:既可以将不同发展水平的学生组成一个小组,也可以在另一阶段、另一领域根据学生成绩组建学习小组,还可以根据学生自愿组合的原则,将非正式群体转变为班级正式群体。

(3)健全班级制度。加强大学生班级群体教育,塑造积极向上的大学生班级群体,需要相应的制度规范对班集体及其成员进行制约和引导,使其不致偏离班级群体教育的目标。这其中的制度规范至少应该包含两个方面。第一,学生的个人行为规范,主要由学校制定颁布的学生纪律规范和班级自我约定的行为规范组成。第二,班集体的行为规范,同样可以分为学校的规范和班级自我规范。

(4)搭建虚拟化班级平台。搭建虚拟化班级平台可以通过申请网络空间建立班级论坛,论坛中设有管理员、版主等组织机构,根据班级成员的偏好在论坛内部设置专业学习区、情感交流区、影视区、灌水区等诸如此类的板块,在这些区域中,班级成员进行信息发布、班务管理、专业学习探讨、情感交流,等等。

（三）加强班级文化建设

班级文化对于大学生品质的塑造和综合能力的培养起着潜移默化的作用。营造和谐的班级文化，能为学生创造良好的教育环境，有助于学生的可持续发展。

构建优秀的班级文化，可以从以下几个方面着手。

（1）创建优秀的班级文化氛围，努力创造浓厚的学习气氛、团结和谐的同学关系和勇于拼搏的进取精神，同时还要努力构建愉悦的文体活动氛围。

（2）制定系统的日常行为规范。“没有规矩，不成方圆。”大学生班级群体教育应该注重运用各种行为规范来约束成员的日常行为，有奖有罚，奖罚分明。

（3）树立班级目标，结合专业特色科学合理地界定本班级的目标，并使班级成员明确要达到目标自身需要进行哪些努力。

（4）培育班级精神。班级精神是班级活动的指导思想与行动准则，是对班级目标的高度凝练。班级精神要根据专业的特点进行浓缩和提炼，倡导诚实信用、公平友爱、团结协作、顽强拼搏的高尚班级精神。

（四）举办班级活动，增强班级凝聚力

各种班级活动，不仅可以使大学生获得知识，愉悦身心，更重要的是，它是班级成员之间互相沟通交流的主要形式，对于增进班级情感，增强班集体的凝聚力有着至关重要的作用。这就要求我们要十分重视大学生的班级活动，每次活动前都要精心地策划、认真地准备，进行广泛的动员，宣传参加活动的意义，并带领学生进行必要的培训和练习，尤其是要在活动中使学生感受到实现自身价值的乐趣，感受到集体的温暖。这样，他们才会倍加珍惜同学之间的友情，对班级活动产生强烈的共鸣，对班集体产生更强烈的认同感和归属感，集体主义精神才会在悄然之间深入到每个人的心中。

第三节　大学生共青团建设

在建设和发展有中国特色的社会主义市场经济的新时期,共青团建设的目标是:坚持在党的领导下,保持团的基本性质和根本任务不发生动摇,用改革的眼光审视新情况,解决新问题,把团的思想、组织、机制、能力、文化和作风建设等各项任务落在实处,努力把高校共青团建设成为以邓小平理论、“三个代表”重要思想和科学发展观为指导,解放思想与时俱进,跟随党永远走在时代前列,团结带领广大在校大学生为建设有中国特色的社会主义和谐社会而奋斗的先进大学生群众组织。

一、加强大学生共青团的思想建设

(一)组织学习

学习是团的组织生活的经常性必要性内容。在组织学习时应注意经常组织大学生进行主题讨论。鼓励团员青年敞开思维,认真思考,各抒己见,加深对学习内容的理解交流。

(二)召开民主生活会

召开民主生活会是发扬团内民主、健全民主集中制的重要形式,有利于增强团结、提高团组织的凝聚力和战斗力。民主生活会要注意讲究方式方法,以集体正面教育为主,启发自我教育为辅。民主生活会是团员交流思想的重要场所,要注意通过开展批评与自我批评,统一思想,团结同志。要注意营造一种既有民主又有集中,既有统一意志又有个人心情舒畅的生动活泼的团内生活局面。

(三)上党课

这是广大大学生学习党在现阶段的方针、政策、纲领、重要文件精神，认真把握当下党工作重点的有效途径。党课要制定好计划，组织好师资。教师要认真备课，授课力求思路清晰，简明扼要，重点突出，使大学生容易把握。内容安排应注意针对大学生和当前的时事状况特点，进行系统安排。党课除了授课形式外，也可组织专题讨论、报告、演讲等各种形式。

（四）载体和阵地建设

思想建设的重点不仅仅要存在于现实之中还要在网络上开展。网络是大学生交流的一个重要平台，因此网络社区也要成为开展团员青年思想教育的载体和阵地。积极建设大学生思想教育网站，占领网上思想教育的阵地，以加强网站的服务力度，增强团组织思想教育的吸引力，通过学习、就业、交友、心理咨询、法律援助等大学生感兴趣的、能切实为大学生服务的形式建设网站。

（五）开展活动

活动是团的基层组织较为经常采用的一种组织生活形式，共青团组织已经积累了丰富的活动经验，并有待继续深化。团的组织生活采用活动形式不仅能开阔大学生的视野，增长知识才干，而且能够使团的组织经常保持旺盛的生机与活力。在团的工作逐步向社会化拓展的形势下，要认真研究和探讨如何使活动更适合团员和青年特点，坚持思想性、知识性和趣味性的有机结合。同时，要注意调动大学生的主观能动性，使他们的积极性得到充分发挥。在活动中有意识地进行自我教育、自我提高。

二、加强大学生共青团的民主建设

团委民主建设是指团委按照《团章》要求保障团员的民主权利，充分发扬团内民主等一系列工作的总和。民主建设以团员民主为核心，以民主生活为内容，以充分体现共青团组织的民主性为目的。团内民主是团的生命。团委民主建设的基本内容主要有以下几个方面。

(1)团内民主选举制度。团内民主选举包括选举组织团委干部和出席上一级团代会的代表;选举决定团委出席上一级团代会代表和团委候选人的产生程序;选举的组织领导,基本程序,基本规则和报批手续。

(2)团内重大工作的表决制度。团委对重大的决议和决定要坚持表决制度。重大决议是对团员有着重大影响的,比如发展新团员,表彰和处分团员,团委的倡议等必须经全体团员讨论通过,这些团员都有权利发表意见。

(3)团内民主生活制度。团委民主生活的基本形式是民主生活会。召开民主生活会是体现民主集中制的重要途径。

三、加强大学生共青团的文化建设

(一)牢牢把握青年文化建设的正确方向

大学生文化建设要坚持先进文化的前进方向,以培养中国特色社会主义事业的合格建设者和可靠接班人为目标,以满足大学生日益增长的精神文化需求为着力点。大力发展健康有益、充满活力的大学生文化,努力使大学生文化成为激励大学生积极向上、促进大学生全面发展的精神动力,成为满足大学生需求、展示大学生时代风貌的鲜活载体,成为社会主义文化中充满朝气和富有活力的重要组成部分。

(二)努力形成积极向上的大学生文化氛围

把握大学生文化脉搏。加强对大学生文化的引导,推动大学生学习、创造、奉献。跟踪大学生文化发展动态,了解青年文化时尚,关注大学生文化现象和文化热点,采取积极有效的措施,引领大学生文化潮流。充分运用新闻宣传手段,重点发挥团属青年报刊、出版、网络、影视阵地在大学生文化建设中的作用,加强对大学生文化的宣传和引导，营造积极向上的大学生文化氛围。

（三）广泛开展丰富多彩、喜闻乐见的大学生文化活动

要立足基层。面向大学生，大力开展大学生化广场、大家乐、大学生文化艺术节等群众性青年文化活动，推动大学生文化活动的蓬勃开展。在广泛开展大学生文化活动的基础上，积极探索具有鲜明时代气息和社会影响力的大学生文化活动品牌，吸引广大大学生踊跃参与，广泛吸纳社会资源，促进大学生文化建设。

（四）抓住大学生精神文化需求中的热点问题，加强对大学生文化消费的引导

要用健康有益、充满活力的文化吸引和引导大学生。要帮助大学生提高思想道德素质和审美能力，在万花筒般的社会里辨别真与伪、美与丑、善与恶。引导大学生抵制消极和不健康文化的影响，建立与社会主义市场经济相适应的文化观念、价值趋向和消费导向，追求文明、健康、科学的生活方式，营造有利于大学生成长发展的良好文化环境。对于青年的文化思潮、文化现象、文化行为，有益的要积极扶持，无害的要宽容允许，有害的要坚决反对，并采取切实措施进行抵制。

四、努力建设新型大学生共青团组织

（一）学习型团组织

大学生共青团是广大在校大学生在实践中学习中国特色社会主义和共产主义的另一所学校，把学生培养成为“四有”社会主义新人是共青团的根本任务。从这个意义上讲，共青团本身就是一个学习型组织。学习型团组织可以概括为：全体共青团员和共青团各级组织具有持续增长的学习力的、能让全体团员进行创造性学习并在学习中体会到工作和生命意义的、能使整个组织获得

快速应变能力和持续创造能力的组织。

建设学习型团组织，要求高校团委坚持“解放思想、实事求是、与时俱进”的思想路线，要坚持结合自身的实际，对其他学习型组织的管理理念加以借鉴和吸收，把学习型组织的理论与党的重视学习和重视自身改造的优良传统结合起来，营造终身学习的组织环境，使学习成为一种经常化、普遍化和制度化的行为，使团组织成为团员相互学习的课堂。交流思想的精神家园和团结前进的战斗团体。

（二）创新型团组织

创新是一个民族进步的灵魂，是一个国家兴旺发达的不竭动力。团委工作思路创新。有思路，才有出路。解放思想，实现工作思路上的创新，是共青团创新的根本。做到工作思路创新要把握好三个方面：一是要努力把握新时期做好共青团工作的规律；二是在谋划和部署工作中，积极开辟工作的新领域和新的生长点；三是在推进工作中，要努力摆脱在计划经济条件下形成的单一行政思维模式，树立适应市场经济发展要求的思维模式。

面对经济社会的深刻变革，要积极推进团的建设理论创新、制度创新和工作创新，切实加强和改进团的自身建设。首先，要认真研究把握共青团工作面临的新情况。其次，我们要在始终坚持团组织的根本性质和宗旨的前提下，着眼增强团组织的适应性，扩大团组织的覆盖面，把巩固与创新结合起来，发挥好党联系广大在校大学生的桥梁和纽带作用，努力把团组织建设成为团结教育大学生的坚强核心。最后，在团干部队伍建设方面，广大团干部要树立强烈的政治意识、责任意识、学习意识，把工作激情、科学精神和务实作风结合起来，加强团干部的教育培训，拓宽团干部培养锻炼和交流、转岗渠道，培养一支专业化、职业化的青少年事务社会工作者队伍。

（三）服务型团组织

服务大学生是大学生共青团的重要使命，是新时期大学生共青团工作的总体要求。团委工作必须全面重视这一要求，把服务大学生作为大学生共青团全部工作的出发点和落脚点。

1.服务大学生学习成才

青年时期是学习的黄金时期。来到大学，学习成才是大学生的强烈愿望。大学生共青团要服务大学生学习成才，要在他们学习成才的道路上帮助他们解决心理上的障碍，解决知识上的困惑，指导成才的方向，让他们在身体上和心灵上健康成长。只有服务青年学习成才，才能为国家和人民培养合格的“四有”人才，大学生共青团才能完成党交给的重大任务。

2.服务大学生做好就业

大学生共青团要重点服务当前大学生最迫切的需求，而当前最突出的地方就是大学生就业。因此，大学生共青团要高度重视和配合政府做好大学生就业促进工作，帮助就业困难的大学生做好就业工作。把党培养的优秀大学生输送到祖国建设的第一线，为国家经济建设服务，发挥大学生青年的创造力和激情，是服务大学生工作的重要方面，也是圆满完成党的任务的关键一步。因此服务大学生就业是共青团当前重大而艰巨、光荣的任务。

3.服务有特殊困难的大学生群体

共青团服务高校大学生要优先服务困难群体，积极帮助家庭经济困难学生，深化和拓展希望工程，通过开展济困助学、勤工助学、大学生互帮互助等活动照亮学子前行的道路。

4.服务青年的精神文化需求

高校大学生是一批有着高素质的青年群体，因此在校大学生有着很强的精神文化需求。高校青年的文化阵地我们不去服务不去占领，西方资本主义文化就要去服务去占领。

第八章　网络环境下大学生思想政治教育的发展

网络化时代的到来为现代社会提供了重要的发展基础，大学生的生活在现代网络的影响下发生了重要的变化，网络也为大学生的生活和学习提供了许多便利的条件。但网络的信息自由化也给当前大学生带了许多不利的影响，让学生误认为互联网是一个绝对“自由”和彻底“民主”的地方，一个“无法无天”的地方，任何个体都可以按照自己的思维、逻辑和方式说任何话，做任何事，并且无需对整体负责。为此，高校非常有必要做好对大学生的网络思想政治教育教育，培养高素质的现代化人才。

第一节　网络的特点及其对大学生思想政治教育的影响

21 世纪是网络的世纪。网络作为高新科技的代表，不仅成为新兴的大众传媒，充分发挥了资讯中心、舆论平台、文化载体的作用，而且成为一个资源丰富的知识宝库，特别是网络所呈现的虚拟世界使人类进入数字化生存的新时代。

同时，网络以其特有的平等、开放、即时性等特点成为当代大学生拓宽视野，扩大交往，更新知识的重要渠道。在丰富的信息含量和双向互动特点下，互联网还对大学生的思想观念、价值取向、思维方式、行为模式、个性心理发展产生着重要影响。

一、网络的主要特点

（一）开放性与平等性

网络的开放性集中体现在每一个网址对所有的访客都是“一视同仁”的，没有差别对待。当然，有的是有条件开放，有的是无条件开放。但无论如何，作为访问者，你始终拥有充分的自由选择权，网址面前人人平等。因此，所谓开放性只是一种相对的开放，是给予访问者充分的自由、平等选择权意义上的开放。在网络的世界里，只要输入对方的网址，你就可以尽情地浏览网址下的内容，没有国籍和地域的限制和歧视，也没有种族和民族的歧视，它把所有的访客都视为同质无差别的。所以，通过网络就可以不受时间和空间的限制，自由地遨游全球了。

（二）共享性与交互性

网络的共享性体现在网络资源的无排他性。从根本上来说，它也是由网络的开放性所决定的。网络上的资源不是哪一个访客可得而私之的，而是可以为所有访客共同享用的。不过，这不等于说网络上的一切资源都可以无偿享用，往往是许多具有稀缺性的资源是设定了条件的，是有偿的。但是，即使有偿，也并没有破坏网络的共享性特征。这是因为，无论有偿或无偿，它就是无差别地对待每一位访客的。

网络的交互性反映了网络作为新大众传媒所具有的特质。网络媒体与传统媒体点对面的单向的线性传播方式不同的是，它是点对点的双向交互式的传播方式。换言之，网络访客可以变“客”为“主”，不再是纯粹的被动接受者，还可以成为积极主动的传播者。例如，面对报纸、广播、电视等传统媒体，你只能是一个被动的读者、听众或观众，自己当下的所思、所想、所为对它们没有任何影响。然而，当你面对网络的时候，你就不单纯是一个看客或听客,通过网络你可以上传照片、视频、音频,你可以留言、发帖子,你可以构建自己的博客,你完全可以成为一个网络资源的提供者和创造者。随着即时通信技术的不断发展和完善,网络的交互性更加淋漓尽致地展现出来,网友之间可以自由地进行音视频聊天,可以自由地传送各种电子文件。因此,在网络社会,网民缺乏的并不是信息资源,而是筛选信息和自我约束的能力。

(三)广容性与虚拟性

广容性是指网络发布信息的容量不受限制,网络的信息内容量大、庞杂。就传统媒体而言,报纸苦于版面有限,广播、电视限于时段固定,不得不对许多材料忍痛割爱。网络则一改传统媒体线性述事的方式,采用超链接的方式将无限丰富的材料立体式地发布。如果你精力旺盛,完全可以创作并且在网上发表无数篇作品,直到你感到累为止。

此外,网络上的信息无所不有,但凡人类活动涉及的各方面内容,上至天文地理,下至衣食住行,都可以在网上找到一席之地。各种信息不经选择地充斥着人们的视听器官,使人目不暇接,无论人们是否愿意接受,它都在无休止地激增着,堪称“信息爆炸”。无论你爱好什么,都可以在互联网上找到。

网络的虚拟性就是把人的实践活动转移到以网络为基础的比特空间。网络用户在比特空间彼此交流、获取信息,而这个空间是一个世界性的共有的虚拟空间。网络行为也是虚拟的,它只是通过技术使人有身临其境的感觉,而且人们往往按自己的喜好来设计自己在网络中的形象、语言,其身份通常是不真实的。但是,网络技术并不能把客观世界的万事万物,照搬到网络世界,它只是以文字、声音、色彩、图片、动画、影视等现代科技表现手法,将其再现于网络世界。

(四)适时性与创新性

网络传递信息是适时的。无论你什么时候打开电脑,只要你的电脑已联网，你几乎能得到所需的一切信息。用户要发布的信息也可及时瞬间传遍全世界。在世界范围内，网友之间的思想交流像召开一个面对面的座谈会那样方便容易。信息传递的速度快得令人难以想象。网络的适时性使信息的传播可在任何时段进行。

创新是网络的生命力所在，没有创新，也就没有国际互联网的今天。网络的创新性源自于网络的平等、开放与自由。网络巨大的潜力给每个国家、每个组织、每个个人提供了全新的机会。加上网络本身充满着无数不确定因素，充满着无限的可能性，因而，在竞争激烈的网络世界，每个国家、每个组织、每个个人在网络方面都可能成功，也都可能失败，关键在于有没有创新性。

（五）多媒体性

顾名思义，网络的多媒体性就是指网络作为新兴的“第四媒体”，是报纸、广播、电视三大传统媒体的有机结合。通过网络，你不仅可以阅读图文资料，还可以收听音频节目，也可以观看视频节目。也就是说，读报纸、听广播、看电视，完全可以通过网络来实现。只要网络的传输速度足够快，容量足够大，网络电视、网络电影等就可以轻轻松松观看了，无须下载，在线点播即可。因此，网络的多媒体性同时也充分体现了网络资源的丰富多彩，体现了网络所具有的强大吸引力和冲击力。特别是网络游戏的开发和使用，进一步活化了网络资源，让网络具有传统三大媒体望尘莫及的独特魅力。

二、网络环境对大学生思想政治教育的具体影响

（一）网络丰富了大学生思想政治教育的资源和内容

在某种意义上，网络环境的海量信息真正做到了“百花齐放、百家争鸣”。我们可以在浩瀚无垠的信息海洋中撷取具有针对

性、时效性的资料,将其制作成教育文本,从而达到良好的教育效果。这些资源,不仅包含与人们日常工作、生活等密切相关的经济、文化、教育、科技等方面的信息,而且包含马克思、恩格斯、列宁、毛泽东、邓小平等领袖人物的经典著作和思想体系,以及党和国家现阶段的方针、政策及各种政治理论、经济理论、科技知识、文化知识、国际国内形势等内容。

由此可见,网络的确为大学生思想政治教育者提供了一个取之不尽、用之不竭的信息资料宝库,对于解决长期以来思想政治教育内容滞后于时代的矛盾是一个极大的帮助。而且,随着计算机网络技术的发展,它必将为我们进行大学生思想政治教育提供更丰富的资源和内容。

(二)网络思想政治教育对于坚定大学生的政治方向和政治立场具有推动作用

高校思想政治教育对大学生的思想行为进行指导,网络思想政治教育即通过网络这个重要阵地来对大学生进行思想和行为上的指导,引导、培养大学生良好的思想政治素质,从而达到育人的目的。

互联网是个信息极其丰富的百科全书式的世界,来自各种不同信息源的信息数量按几何级数不断增长。互联网上的信息可以用“取之不尽”来形容,几乎可以从中找到想要的任何信息。互联网不仅容量巨大,而且可以同时覆盖遍布全球的用户。目前,我国所有高等院校都已建立了自己的局域网,大学生在图书馆、开放实验室,甚至在宿舍里都能够上网学习、交流和娱乐。海量、丰富的网络信息使大学生获得更多选择接受信息、获取知识、交流沟通的机会。而传统思想教育方式落后,导致教育效果甚微。

高校要强化网络对大学生的思想政治教育作用,用马克思主义的观点、立场和方法占领网络制高点,用辩证唯物主义、历史唯物主义和唯物辩证法引导社会大众科学、客观、正确地分析和对待网络信息。网络思想政治教育要强调思想性、教育性和主导性的一方面，坚持正面教育、积极引导，帮助青年大学生形成正确的人生观和价值观，抵御西方敌对势力的网络渗透。同时也要针对高校的特点、青年大学生的特点，增强知识性、趣味性、服务性的一方面。高校应该既有突出思想性、教育性的红色网站，同时又有积极健康向上的富有趣味性、知识性的学生网站，还有一些学生比较关心的，与他们切身利益息息相关的服务性网站，形成良好的网络文化氛围和网络育人环境。

（三）充分利用网络思想政治教育的优势

与传统思想政治教育相比，网络思想政治教育具有很大的优势。传统的思想政治教育模式往往是单纯的说教，教学形式简单，感染力不强，教学效果不佳。而思想政治教育的网络化可以将更多的资源运用到教育中，形式更为生动、感染力更大、渗透力更强，有利于高校思想政治教育突破时空局限，扩展思想政治教育的时效。高校可以用网络的优势，也是大学生乐于接受的方式，把正确的世界观、人生观、价值观和正确的处世方式、行为标准、成才途径教给大学生，与大学生进行更为生动的沟通，更好地为大学生所接受，效果会更好。

处于青春期的大学生会遇到一些心理上的问题，学业、就业、爱情是主要问题。现实的面对面的方式对于心理问题的解决不是很好，沟通上不是很到位。而借助网络可以设置一些心理问题咨询中心、服务热线等栏目，使得大学生可以有一个私密的倾诉窗口，使得大学生能够解开心结，从而实现教育的目的。

（四）网络冲击了传统大学生思想政治教育的理念和方法

“教师主体”的观念受到冲击。在网络时代到来之前，老师被公认为是教育过程中的主体，由于他们所拥有的知识和技能都比学生多得多，因而处于主动地位，起着主导的作用；而学生由于其思想行为与一定社会要求之间存在差距，在知识、信息的掌握上处于劣势，故在教育活动中处于被动的地位，是教育过程中的客体。然而,在网络时代,学生通过网络可以获得大量的思想道德教育的信息,从而导致教师的信息优势在淡化,甚至有可能处于信息劣势的境地。特别是当网络成为大学生思想政治教育的载体时,它所具有的交互性特点更使教师的主体地位受到冲击。与此同时,作为大学生思想政治教育中最为常用的灌输法也面临着挑战。因为这种方法是以教师具有较高的威信和绝对的信息权威为前提的。因此,长期以来使用的教育方法在今天来看未必行之有效,需要教师进行改进和创新。

面对这种挑战,学生思想教育工作有的已经或正在从以灌输为主转变为以启发、参与为主。从信息传播的角度讲,我们也应从以灌输正面信息为主转变为引导学生分析、判断、选择信息为主,即由“灌输信息”转变为引导“判断选择”。当今是信息爆炸的时代,呈现在我们面前的是五彩缤纷的世界。对青年学生来说,重要的是学习能力和鉴别能力的培养,要从纷繁复杂的信息中选择正确信息,并对其进行加工,转化为自己的认识,只有具备这种分析、判断、选择能力的学生才有可能成为国家建设的中坚力量。否则,尽管在学校里学习了不少课程、积累了不少知识,但是,如果不具备分析、判断、鉴别能力,一旦进入社会,就不知道怎样建构起新的信息框架,甚至误入歧途或被时代淘汰。

第二节　网络环境下大学生思想政治教育的有效实施

现代网络技术的快速发展,必然对我国高校教育改革产生重要影响,而大学生思想政治教育作为高校教育的重要内容,也必然会面对许多新的发展趋势和挑战。因此,加强大学生思想政治教育的网络化创新,从而进一步提高大学生思想政治教育在网络环境下的有效实施,是我国高校未来发展所必须关注的重点。

一、网络环境下大学生思想政治教育内容创新

近年来，信息技术的迅猛发展给大学生思想政治教育提供了一个新领域。信息网络技术的发展，提供了现代化的手段，拓展了空间和渠道。互联网的开放性、信息的流动性，不再受时空的限制。网络具有方便快捷、信息量大、覆盖面广的特点。然而，网络也是一把双刃剑，它既可以促进社会发展，但也存在不少问题。随着网络的迅速发展和人们对网络认识的日趋成熟，人们对网络思想政治教育的呼声也日益增强。因此，每一位社会成员都应当自觉培养自己的网络思想政治道德意识，遵守网络规范。网络思想政治教育是人们在处理与网络的关系时应当遵守的思想政治教育观念和行为准则。

（一）网络环境下的和谐社会思想教育

和谐，就是指和睦、协调，是指世间的事物处于均衡、协调、平顺的发展状态。和谐是中华民族传统文化的核心。构建社会主义和谐社会，是中国共产党对领导中国革命和建设事业的科学总结，是对马克思主义理论的创新和发展，也是当今建设中国特色社会主义的必备条件和基本要求。建设和谐社会就是要解决社会公正、公平问题以及解决由公正、公平问题引起的社会矛盾、社会冲突，就是对人们现有的利益进行重新调整和分配，网络思想政治教育要加强和谐社会思想教育，引导受教育者正确认识在网上所反映的各种矛盾与冲突；正确对待网上的各种有害社会稳定与群众利益的鼓动、挑衅与诱惑；正确识别网上欺骗、虚假、垃圾信息，推动我国社会主义和谐社会的建设，维护网络的正常运行。

（二）网络环境下的法制教育

互联网对人们的影响力日益增强，被誉为网络信息时代的虚拟社会。在这个虚拟世界中，除了有人们所需要的学习、工作、生

活资讯外,还充斥着大量的有关网络犯罪、赌博、色情等方面的垃圾信息,这些垃圾信息对人们的思想和心理会造成一定的负面影响。因此,要加强互联网使用和管理立法,推进网络法治进程,以法律的强制力来约束人们的网络行为,保留网络环境中的积极因素,剔除网络环境中的消极因素,净化教育环境,更有效地开展网络思想政治教育工作。为了优化网络教育环境,实现网络思想政治教育的可持续发展,国家有关部门应该完善网络立法体系,有针对性地制定具体的网络规章制度,提高执法能力,加大执法力度,推进网络法治进程,净化网络空间,建设有序的网络教育环境。

(三)网络环境下的时代精神教育

时代精神是一个时代特有的、反映社会进步发展方向、引领时代进步潮流的精神,是一种超脱个人的共同的思想观念和行为方式,是时代文明(物质文明、制度文明和精神文明)内在、深层的精髓与内核,是对现代文明最高层次的抽象,它决定于代表历史前进方向的时代文明的客观的、本质的潮流和发展趋势,并积极推动时代政治、经济和文化发展。当前,我国的改革已进入攻坚阶段,改革的任务将更加繁重,改革的矛盾将更加凸显,支持改革、拥护改革应成为当代受教育者的自觉行动。因此,必须树立与改革相适应、与时代相契合的思想观念。当今世界,创新已成为一个国家不断发展、在国际竞争中取得主动地位的重要因素。江泽民指出:“创新是一个民族进步的灵魂,是国家兴旺发达的不竭动力。”因此,要进行时代精神教育,必须培养大学生的创新精神和创新能力。

大学是培养人才的摇篮,是开发人才资源的基地。大学生网络思想政治教育担负着培养创新人才的重任,尤其是要培养大学生自强不息的创新进取精神,使他们具有明确而坚定的目标、强大而持久的精神动力、顽强而刚毅的意志;具有不畏艰难困苦、不怕挫折失败的勇气与精神。网络社会有一个突出的现象,就是创新成为促进发展的重要因素，青年创新典型屡见不鲜。因此，利用具有创新特色的网络，开展创新精神的教育，对于培养大学生成为创新型人才具有重要意义。

（四）网络环境下的安全教育

在当前高校及社会网络迅猛发展的新形势下，网络安全显得尤为重要，在新形势下如何保障网络安全已经成为人们普遍关注的问题。通常情况下国家主要通过安全技术和法律手段来保障网络安全，但无论是安全技术还是法律手段，都存在其自身的局限性及滞后性。因此，越来越多的国家开始呼吁把教育也作为网络安全的重要对策之一，以最大限度上减少危害网络安全的人为因素。

首先，要充分认识网络安全的重要意义。在当今世界，由于高度发达的信息网络越来越成为经济发展的重要支柱和动力，成为提高社会生活质量的基础设施，因而现在一个国家的经济安全越来越依赖于信息网络安全，而经济安全又直接关系着国家的安全。因此，网络安全对于一个国家整体安全状况有着至关重要的意义。当代发展中国家普遍面临着网络霸权的威胁，一些西方大国利用信息及信息技术的优势，妨碍、限制、压制和破坏其他国家对信息的自由运用，甚至利用信息把本国的价值观念、意识形态强加于别国的头上，以谋求用政治军事手段难以得到的霸权利益。他们还利用在信息领域的主宰地位，通过互联网上的电子邮件、电子报刊及其他信息媒体展开新一轮的宣传战、心理战。西方国家推行的网络霸权和“文化侵略”严重威胁着发展中国家的政治、科技、文化安全，使发展中国家面临的网络安全问题更加突出，形势更为严峻。

其次，要不断提高信息网络安全意识。长期以来，网络安全问题并没有受到人们的高度重视，网络安全意识欠缺。大部分网站在创立的时候或者在其发展历程中，更多地把焦点放在了网站的实用性和便利性的开发上，对网络安全却无从考虑。以至于使网站在建成之后存在很大的安全隐患,受到网络安全威胁。所以,我们在看到我国信息网络快速发展的同时,不断重视对全体网民的网络安全教育,不断提高他们的信息网络安全意识。

再次,加强网络安全管理规范。网络信息安全管理规范是为保障实现信息安全政策的各项目标,制定的一系列管理规定和规程,具有强制效力。网络信息安全管理规范涉及的各项内容如下:第一,网络完全人员管理。对网络信息安全人员管理的规章制度,涉及人事管理制度、信息安全任何管理和组织管理等的相关政策,应从人员进入单位到离开的整个过程进行管理。管理规范主要包括安全人员的培训、招聘、职责、绩效、奖惩等内容。第二,对系统进行管理。重要资源和关键的业务数据备份应当存储在受保护、限制访问且距离源地点较远的位置,可使备份的数据摆脱当地的意外灾害。并规定只有被授权的用户才有权限访问存放在远程的备份文件。在某些情况下,为了确保只有被授权的人才可以访问备份文件中的信息,需要对备份文件进行加密。第三,进行系统检测与监控。面对各种网络攻击能够快速响应,安装并运行信息安全部门认可的入侵检测系统;在防御措施遭破坏时发出警报,以便采取应对措施。

(五)网络环境下的生态文明教育

网络现已成为大学生借以相互交流、共享信息的生存空间,成为大学生学习和生活须臾离开不得的生存环境。然而网络环境危机已露出端倪,倘若对此置若罔闻,就极有可能为之付出巨大的代价。因此,开展网络文明教育,帮助大学生树立正确的网络生态文明观,就成为网络环境下高校德育发展的重要内容之一。网络生态文明教育首先是使大学生树立网络生态文明意识。保护网络生态实质上就是保护人类的生存空间,所以,应该像对待自然生态危机一样对待网络生态危机,像善待地球一样善待“网络”;其次要教育大学生遵守网络生态文明的基本原则:即无害与公正原则、尊重与允许原则和可持续发展原则。其中,无害原则“对分析信息技术领域里出现的道德两难的困境是很有帮助的”，同时它也是网络生态文明的最低要求。公正原则要求大学生在享受网络便利的同时，应关心他人的存在和感受，关心网站的利益，关注网络中社会分层问题、网络资源配置的问题以及不同文化发展的公正问题。可持续发展原则要求大学生认真对待自己、认真对待网络，以自己的文明网络行为，来保证和维护网络生态的健康持续发展。

二、网络环境下大学生思想政治教育的创新方法

网络时代的来临，使得一个真实的网络社会的形成。网络给大学生带来了一种全新的生活方式，甚至成为大学生的生存方式。以互联网为代表的现代科技深刻地影响着社会进程，影响着当今大学生的思想和行为方式，这给大学生网络思想政治教育带来了契机和挑战。在网络环境下，大学生思想政治教育除了上述几种方法外，有专门针对网络思想政治教育的一些特殊方法，具体分析如下。

（一）信息库法

网络思想政治教育信息库法是指通过建立网上思想政治教育信息库来达到网络思想政治教育目的的一种方法。

互联网改变了传统媒体的传播方式，传统媒体是将信息“推给”大众，而互联网则是为受教育者提供选择，让受教育者自主地“拉出”信息，即通过超链接技术获得自己所需要的信息。但当自己对所需要的信息名称不熟悉时就无法超链接，也就拉不出所需要的信息，更谈不上全面、系统地了解网络思想政治教育信息。互联网可以不限时不限量地储存和传播信息，我们利用互联网强大的存储功能，建立网络思想政治教育信息库，就能有效地解决上述矛盾，网民只要检索到该信息库，就可以全面了解网络思想政治教育信息。

网络思想政治教育信息库,可以根据需要和可能来建设。一般来讲,网络思想政治教育信息库可分为大型综合性、中型基础性和小型专一性三种类型。大型综合性信息库应提供全面的网络思想政治教育信息,包括网络思想教育信息、网络政治教育信息、网络道德教育信息、网络心理健康教育信息以及与网络思想政治教育相关的各类信息,如人文科技信息等,以满足各类各层次受教育者对网络思想政治教育信息的需要。中型基础性信息库应提供网络思想政治教育的基本信息,满足一般受教育者对网络思想政治教育基本信息的需要。小型专一性信息库又可分为两种情况:一种是针对网络思想政治教育的某一内容进行建设,如网络道德教育信息、网络心理健康教育信息;另一种是针对某一特定群体来建设,如大学生群体、未成年人群体,为这些特定群体提供网络思想政治教育的信息。一般来说,此类信息库都应具有鲜明的特色。全国应设有大型网络思想政治教育信息库,各行业和有条件的单位可建立中小型网络思想政治教育信息库,并可对大型网络思想政治教育信息库实行链接。

(二)虚拟伦理训练法

虚拟伦理训练法是指利用虚拟技术以及虚拟现实技术构建现实的道德情境,使参与者身临其境时进行规定的伦理训练。虚拟伦理训练法具有现场感、形象化、自主性等独特的优点。传统德育往往疏离现场,是现场外或现场前教育,而虚拟伦理训练法则是现场中教育。尽管这种“现场”是模拟的,但却有效地克服了传统德育只重道德原则而忽视规则应用的具体情景的缺陷。虚拟训练法能充分调动大学生的积极性,让他们在虚拟环境中自主地思考和处理道德问题,自主地做出道德选择,这样有助于培养大学生自律的道德意识。由于虚拟伦理训练设置的情境考虑了各种可能的复杂关系,并提供了解决在这些关系中出现的各种可能的道德问题的正确思路,而且其操作系统可反复进行。因此,经过这样训练的人,就可以熟知道德规范并形成处理各种道德问题的相应的能力。

（三）信息隐匿法

网络思想政治教育信息隐匿法是指教育者通过将网络思想政治教育信息渗透到互联网上其他信息之中，使受教育者在耳濡目染和潜移默化中自觉或不自觉地接受思想政治教育信息，从而达到网络思想政治教育目的的一种方法。

互联网的虚拟性使受教育者在网络中处于匿名状态，处于匿名状态的受教育者不再有现实生活中的压力与困惑。这时，受教育者的需求与他在物理世界的需求会发生一定的偏离，他们会更加追求在物理世界里得不到的东西。因此，受教育者很难自觉地选择网络思想政治教育的一般信息。要想使受教育者接受网络思想政治教育信息，最好的办法就是把网络思想政治教育信息隐匿到网民需要的信息中去。

网络思想政治教育信息隐匿法就是这样一种含而不露的非“标签”式教育方法，它把教育的意向与目的隐藏起来，使富有教育意义的信息通过受教育者所喜闻乐见的形式，悄悄融入受教育者的心田，在其心灵深处积淀下来，使他们在陶醉、愉悦中获得熏陶，不知不觉地达到教育的目的。

（四）网络育人法

随着互联网技术的不断发展，网络思想政治教育必须不断创新教学方法才能紧跟网络时代的步伐，也才能领先抢占网络思想阵地，应对网络环境对大学生思想政治教育的挑战。

1. 设置校园网教育基地

校园的局域网络不是一个新的事物了，但是利用校园网络进行思想政治教育缺失一个新的实践，大学生与互联网络的连接是通过校园局域网的服务器进行的，可以通过校园局域网提供思想政治教育信息，比如提供在线观看有教育意义的影片，提供思想政治教育资料下载,建立校园内部论坛等。

2.建立校园博客自由网络空间

博客作为个人的网络空间,每个人都可以建立一个校园网络博客,并且在网上发表个人网络日志和个人文集,展示自身的个性与价值。教师和学生更应该利用博客平台这个工具进行交流。例如,在博客上,每个人把自己的工作安排和想法记录下来,就可以让在校师生更好地了解自己,还可以通过提交评论来进行在线交流,这样可以拉近教师与学生的距离,有困难也可以及时提出问题,交换看法。除此之外,借助校园博客的自由空间,教师和同学可以在网上发表自己的见解,和在校师生进行交流,可以形成新的认识和思想;也可以从别人那里借鉴到学习资源、技能、方法,来提高自己的能力和素质;还可以从别人那里学习到其他各方面的知识,来拓展自己的知识视野。同时,学校可以通过对校园博客进行科学有序的规划,整合壮大学校教育博客队伍,形成教育合力,实现智慧资源共享,建设高校教师的学习实践共同体,构建教师和学生在网上工作学习的家园。

3.进行网上心理咨询

大学生处于懵懂时期,成长给他们带来了许多的烦恼,他们需要倾诉,但羞于开口。针对这种情况,在网站设立了心理咨询栏目,在线进行指导和帮助,减少面对面交流的羞涩,能够使大学生无所顾忌地坦诚地向教育者倾诉自己的心理问题或是困惑,使大学生获得最大程度的帮助。

(五)网络思想政治教育主体交互法

网络思想政治教育主体交互法是指教育主体充分利用互联网即时交互的特性,与受教育者进行思想沟通、交流,从而达到网络思想政治教育目的的一种方法。

互联网的跨地域性改变了人们传统的交往方式和互动关系,

使得网络主体“超越”了现实生活中的空间限制，社会互动范围无限制地扩大，打破了现实社会人际互动对“场合”的要求。互联网即时交互的功能，使得网络思想政治教育的交流对象更广泛，而且能够在瞬间实现一对一、一对多、多对多的同时交流。这种主体间互动的过程，就是主体间在思想上交流沟通、价值道德观念逐渐同化的过程。

网络思想政治教育主体的交互，从技术层面上讲，主要可以通过电子邮件（E-mail）、电子公告板（BBS）、电子新闻组（Usenet）、实时聊天系统（Chat）、博客（Blog）等交互工具来实现。对于网民比较感兴趣，影响程度较大，有象征性的主题可以通过电子公告板（BBS）、电子新闻组（Usenet）等形式开展讨论。对于网民一些私密性的内容可以通过电子邮件（E-mail）、实时聊天系统（Chat）、博客（Blog）等交互工具进行。

值得指出的是，网络思想政治教育方法与传统思想政治教育方法相比，具有鲜明的技术性、互动性、虚拟性、多样性和便捷性等特征，这是网络信息技术发展的结果。随着网络信息技术的不断发展，网络思想政治教育方法也会不断创新。因此，网络思想政治教育方法体系是一个动态的概念，不是固定不变的，它将随着网络信息技术的发展和网络思想政治教育实践的深入而不断完善。

第三节　大学生思想政治教育网络实践教学新探索

现代网络环境的迅速形成与发展，为我国大学生思想政治教育提供了新的发展条件。加强对现代大学生思想政治网络实践教学的创新探索，已经成为适应现代高校教育改革，社会发展的重要途径。大学生思想政治教育工作者应该对各方面的力量进行整合，深入开展研究大学生网络思想教育，不断探索大学生思想政治教育的创新方式和途径。

一、以社会主义核心价值体系为引领,加强大学生网络思想政治教育建设

(一)遵循主流文化发展大方向

校园网络基地建设首要的一条就是要坚持正确的政治方向。大学生网络教育基地在建设中必须以社会主义核心价值观理论为基础。社会主义核心价值体系体现了社会主义的本质特征,代表了国家发展和社会进步的价值取向,具有一定的政治性和严肃性。因此,大学生思想政治教育网络建设必须要契合核心价值体系的思想,遵循主流文化发展大方向,大力弘扬主流文化。具体来说,一是要把好资料来源这一关,对搜集的资源进行严格审核,将不符合核心价值体系的内容予以坚决抵制;二是要把好舆论这一关,营造核心价值体系教育的浓烈的氛围,使其对学生发挥潜移默化的影响,使学生在思想上接受核心价值体系并且逐渐内化为自我价值取向。

(二)提高大学生思想政治教育网站的吸引力

为适应大学生思想政治教育的新形势,网络平台建设首先要在内容和形式上下功夫,使大学生思想政治教育网站的内容更贴近实际、贴近生活、贴近学生,提高教育工作的吸引力和感染力,满足大学生成长成才的实际需求,服务大学生全面发展。转变思想政治教育网站的建设思路,将学校深厚的校园文化与历史底蕴作为建设背景,并赋予响亮而富有内涵的主题,从大学生社会主义核心价值体系教育网络平台建设的内容、方式、途径等方面,提升网站的吸引力,充分发挥主题网站和特色网站教育学生、引导学生、服务学生和发展学生的功能。核心价值体系教育网站建设要做到:第一,要充分认识网络平台在思想政治教育中的作用,明确教育目标。第二,网络平台的教育内容要在马克思主义指导

下，充分反映中国特色社会主义理论成果，结合高校实际，体现时代精神和创新精神，弘扬社会主义荣辱观。第三，应恰当选择网络平台的教育方式，并使其具有针对性、多样性和灵活性，网络平台要设置范围更广、涉猎更深的栏目，符合学生需要，能够解疑释惑。

（三）充分发挥大众化传媒的互动作用

大学生思想政治教育要充分利用网络平台互动交流的隐蔽性、深入性等特点，开展教育工作。高校要切实加强领导、加大投入、加强监督，确保网站正常运转，建立专家定期做客网络的制度，能够和学生进行互动，引导大学生践行价值体系，建立基于短信、QQ、博客、微博、BBS 和人人网等的互动交流平台。

（四）发挥“红色网管”在网络平台的监督作用

基层网络管理员是大学生思想政治教育网络平台建设的引导者，起着重要的作用。网络平台要纳入高校大学生思想政治教育的整体规划，要投入专项经费，形成网络平台管理团队，立足于大学生发展，建立网络教育实践基地。要发挥网络管理员对思想政治教育内容上的把握，在进行网络建设与管理信息系统建设时，注意大学生思想政治教育的内容的网络安全、保密管理工作，预防并制止本单位人员利用网络从事不良活动的行为，发现问题及时报告网络中心；要特别注意网络建设的人才队伍建设，努力形成一支专兼结合、高效精干的网站建设队伍；要建立健全和不断完善运作机制和管理办法，制定定期考核、定期维护、定期评比、定期表彰的“四定机制”，加强制度化、规范化运作和管理。

二、创新网络思想政治教育的方式与内容

第一，利用网络技术成果，丰富现有网络思想政治教育内容。随着思想政治教育进网络的推进，大学生网络思想政治教育得到

很大的发展。大学生网络思想政治现有方式与内容比较丰富,但是大学生网络思想政治教育的现有方式与内容也要随着网络技术的发展和网络成果的出现而不断更新。思想政治教育主题网站的更新升级、思想政治课网络课程的长久发展等都需要不断利用新的网络技术成果,以保证现有网络思想政治教育能够持续保持鲜活的生命力,不被时代抛弃、不被大学生嫌弃、不被教育主体放弃。以大学生最常使用的“人人网”为例。“人人网”原名“校内网”,成立于2005年12月,但随着网络技术的发展和用户成分的不断丰富,最开始的定位已经不能满足其网站的发展。于是“校内网”于2009年正式更名为“人人网”,同时更新的还有理念、功能、内容和形式。比如“人人网”通过技术的改进,将原有的相册功能发展为现在的语音相册,能够使用户在观看照片的同时感受照片背后更为幽默、风趣的故事。同时植入时间轴,使页面在时间的纵向延伸上更具记录性特点。更新后的“人人网”吸引了一些高校组织的加入,以东北师范大学为例,就注册有“东师校友”“东北师范大学爱心使者团”“东师人”等主页。现有技术成果的更新、运用,促使原有的网络思想政治教育平台不断进行内容更新和形式调整,促进了自身的发展。同时,也要求大学生网络思想政治教育者适应原有平台在形式和内容上的改变,充分利用网络技术元素和更新了的网络平台新应用,进行有效的网络思想政治教育。

第二,利用新兴网络形式,拓宽大学生网络思想政治教育阵地。网络技术的发展还体现在新兴网络形式的出现。从BBS到专门的主题网站,从博客到广受喜爱的微博,从飞信到现在的微信,新兴网络形式层出不穷。这就要求思想政治教育者在固守原有的网络思想阵地的同时,不断丰富网络思想政治教育平台,拓展网络思想政治教育阵地范围。比如,2011年最新发展起来的微信依靠其零资费、跨平台沟通、显示实时输入状态等功能吸引了大量用户使用。数据显示,截至2013年1月,微信注册用户量已经突破3亿,其中不乏在校大学生。微信等新兴网络平台的出现吸引了大量大学生，这就要求网络思想政治教育者及时了解、研究和使用最新网络应用，充分挖掘新的网络平台功能，迎合大学生的兴趣和应用习惯，让新平台进驻网络思想政治教育，成为网络思想政治教育的一分子。比如，可以开通专门的思想政治教育官方微信公众账号，或者鼓励思想政治教育者个人使用微信，在微信平台与大学生进行实时沟通，掌握大学生思想动态，践行思想政治教育。

三、加强技术创新，提高对网络思想政治工作宏观环境的安全防范能力

互联网上这种宏观的大环境是指整个网络世界，具体讲就是指因特网技术平台所构建的整个网络信息体系。这是大学生网络思想政治教育的不可控部分。因此首先就要提高警惕性，加强网络防御能力。通过不断提高信息科学和网络技术的理论知识和方法，建立健全互联网信息内容安全管理机构，配备必要的技术人员，采取技术措施，增强屏蔽能力，提高对网上反动信息、淫秽信息、有害电子邮件等各种有害信息的检测、监控和封堵能力。网络宏观环境的不可控性，要求我们必须在教育实践中驾驭网络技术，实现对网络信息传播和网络群体发展的有效主导，使之成为服务于青年学生健康成长的积极力量，这是当前网络思想政治教育工作的紧迫任务。

四、创设良好的校园网络文化环境

在网上搭建活动平台，以丰富多彩、健康向上的校园文化活动为抓手，推动形成厚重的校园文化积淀和清新的校园文明风尚，使学生在校园网络中接受熏陶和文明风尚的感染。要注重大学自身文化精神特色的传承，大学精神是经过所在大学一代代学人的努力，长期积淀而成的共同的稳定的追求、理想和信念。它

是大学生命力的源泉,是大学文化的精髓和核心所在,对大学生有着重要的思想导向作用。如校史具有代表性的和特殊意义的物、事、人,既是校园文化积淀发展的结晶,又是德育的重要载体,它们共同承载了学校的理念和辉煌,具有极高的文化内涵和历史背景。这些比简单的说教更容易被认同。注重网络上大学文化精神园区的建设,作好学校标志性载体的网络化,通过网络平台介绍给学生,可以使校园网络产生亲和力和向心力,也可以起到良好的导向作用。

五、大力加强当代网络思想政治教育工作团队建设

人力资源是当代网络思想政治教育模式中的主体性资源。在我国网络思想政治教育团队中,高校的教育团队是一大亮点。

参与到高校思想政治教育工作中的人员都应受到应有的重视,在尊重学生客观需求的基础上组建高效率的教师和管理团队,通过开展学校内部以及学校之间的交流,广泛实施大学生网络思想政治教育。肯定人,重视人,充分为师生提供发挥才能的广阔平台,合理利用校园网络,促进大学生综合素养的根本性提升。

党组织是大学生网络思想政治教育模式中的核心力量。在学生群体中不断发展和培养入党积极分子,发挥学生党员的带头示范作用,积极展开学习讨论,对使用互联网过程中学生群体中存在的各种问题做到及时跟进,有效解决。用马克思主义、毛泽东思想、邓小平理论、"三个代表"重要思想、科学发展观武装头脑,对网络上的不良信息产生抵抗力,坚持以科学发展观为指导,使高校网络思想政治教育始终朝着正确的目标迈进。

各院系辅导员是高校思想政治教育队伍的重要组成部分。无论在课堂教学中,还是学生日常学习生活中,辅导员都起到了重要的引导作用。他们除了在专业领域教授课程外,还要关注学生日常生活,配合任课教师高效率完成专业课以及思想政治教育

方面的教学目标。

六、培养学生健康的网络心理素养

大学生心理的不成熟和不健康是构成其网络中行为失范的一个重要因素。大量个案表明，许多网络上瘾的大学生或网络信息污染的始作俑者和沉迷者，往往都性格孤僻，缺乏理想，缺少责任感，甚至出现各种各样的网络心理问题，如网络伪装心理、畸形网恋、网络成瘾综合征、网络依赖性人格障碍等。因此，网络环境下的高校德育要关心大学生的网络心理健康，通过开展网络心理健康教育和咨询辅导工作，使大学生克服不良的网络心态和心理疾患，提高心理预防能力，提高大学生网络心理素养。

第一，增强大学生的自我保护意识。大学生对于网络上的负面信息，应该主动去防御，应该有自我保护的意识。面对网络的诸多诱惑，需要大学生建立自我保护机制，做到上网有“节”，上网有“度”。此外，学校应加强大学生的网络安全意识教育，培养他们的自我保护意识和能力。

第二，锻炼大学生自我控制的能力。大学生要控制自我的网络行为，应该从以下几个方面做起：一是要理智地控制上网时间和次数，不长时间泡网；二是要对网上经常出现的色情图片信息，应洁身自好，千万不要掉入色情陷阱；三是网上交际不能代替现实中的社交活动，因此必须调整身心，纠正错位的思维定式，并在此基础上处理好各种人际关系，保持与周围人员的正常交往；四是不要把上网作为逃避现实生活问题或者排遣消极情绪的工具，借网消愁愁更愁；五是上网之前先定目标，并且给自己限定上网时间。学生上网应该有较强的目的性和时间性，不论是为了获取信息还是休闲娱乐，都应该有节有度。不要因为上网影响了正常的学习、工作和生活。要清楚地认识到网络只是我们生活的一部分，而不是生活的全部。

七、密切关注网络舆论导向,形成正确的政治信仰

大学生思想政治教育的核心问题是要解决人们在思想层次上举什么旗、走什么路的问题。在网络环境下,因为大众传媒的因素,大学生思想政治教育面临着极大的挑战。网络已经超出了地域和语言的差异,信息内容的庞杂,传播信息的可怕速度,都使得网络上的内容非常不易监控。在这种条件下,如若不对网络思想政治教育内容进行及时有效地调整,就无法应对当前的挑战。要实现调整的有效性,思想政治教育者就必须切实研究思想政治教育的规律和网络传播信息的特点,实现思想政治教育与网络的有效结合。

当前,我国正处于经济社会快速发展的关键时期,社会思想呈多元化、多变化的特点,不稳定、不确定因素也明显增多,一些潜在的社会矛盾有可能被某些别有用心的人利用,通过不明真相的境外媒体进行渲染炒作。这些社会乱象都会通过互联网传播给毫无准备的大学生。而大学生正处于思想人格形成和发展的关键期和活跃期,同时因为缺乏生活经验和处世经验,很容易陷入一些不良的舆论陷阱,在不自觉中成了恶意舆论的帮凶。同时由于部分大学生思想政治教育工作者在面对互联网等对外媒体时思想麻痹、准备不足,未能做到从容应对,尤其是对一些社会热点问题、敏感问题把握得也不够准确,高校领导在应对媒体时说话分寸掌握不够,容易被一些故意炒作或者别有用心的媒体或者个人紧抓不放,导致小题大做,使高校的声誉形象受损。因此,全国各大高校要充分认识当前做好对外宣传的重要性,统一思想,提高认识,进一步增强工作责任感和紧迫感,尤其要深刻认识在新形势下妥善有效地应对各级媒体和网络舆论的问题。以促进大学生思想政治教育坚定不移地沿着有中国特色的社会主义道路前进。

大学生在业余时间一般都会选择关注网络,了解网络发展的

各种动态，浏览各种各样的网络信息，因此从思想政治教育者的角度出发，要实现了解、知情并监控网络的目的，就必须从网络的特点入手，采取一定的措施强化思想政治教育。首先，要及时监控网络信息的传播，并采用一定的技术手段从源头上阻拦负面信息的传播，例如运用计算机技术实现网络信息的过滤。其次，要加强正面思想政治教育信息的传播，占领网络阵地，例如建设专门的思想政治教育网络，在网络上利用文字、图像、声音这种多媒体的方式实现网络思想政治教育信息的传播，以此提高大学生思想政治教育的实效性。

八、用艺术的表达方式，提高大学生网络政治教育工作的感召力

对大多数经历过高等教育，上过思想政治教育课的人来说，传统的大学生网络政治教育的内容比较枯燥，与时事联系也不甚紧密，跟生活的串联几乎没有，课堂很难吸引人的注意力。要改变这种状况，就要充分利用目前先进的多媒体技术，巧妙地进行文字、图像和声音的穿插，把思想政治教育内容的思想性和文字、图片结合起来，视频的生动性和艺术性结合起来，提高思想政治教育工作的感召力。目前，网络上有许多所谓一些高校的思想政治教育的内容。这些内容往往是政府或者教育部门的红头文件或者一些思想政治教育研究者的学术论断，跟学生的生活联系不紧密，并且枯燥乏味，不但引不起学生学习阅读的兴趣，反而令学生很反感。如果网络上的思想政治教育内容仍然不改变过去的枯燥乏味的特点，在多样性的网络上要吸引学生的注意力将会变得更加困难；但是若使用具有艺术性的文字，展开丰富的联想，把思想政治教育的内容与文字的艺术性紧密结合起来，吸引大学生在享受艺术性文字的过程中，感受思想政治教育深邃的思想内容，从而实现事半功倍的效果。首先，把在实践中具有一定积极意义的故事穿插到思想政治教育的内容中，例如领袖的故事，教

师自己的故事,同学的故事,利用故事引领思想政治教育的内容。其次,用网络图书作为网页的主要内容,尽量采用多种语言文字,实现宣传我们思想政治教育文化的目的,使国外的朋友切实了解我国大学校园的文化以及大学生的生活。最后,实现网络教育的人性化。古人云:“感人心者,莫先于情。”教育的内容对于个体来说通常都是十分机械和死板的,没有考虑到个人的具体情况。因此要适当的把针对各个大学生特殊情况的内容加入到思想政治教育之中,并辅之以一定的情感内容,由此沟通思想政治教育内容与个人之间的联系,实现思想政治教育的亲情化与个性化。而实现亲情化与个性化的思想政治教育,必须要依靠一定的人际沟通办法,把网络教育与人际沟通有机结合起来,提高思想政治教育的实效性目的,即让大学生认识到正确的政治信仰对学习和生活的重要性以及什么样的理想信念才是科学的、正确的政治信仰和如何树立正确的政治信仰观。

九、在网络上加强对大学生的“两课”教育

网络教学作为现代教学手段之一,有其突出的特点,但传统教学手段也有其自身的优点,因此,在教学过程中应将传统教学手段的优点与现代教学手段优势有机渗透,多种教学手段综合运用,绝不能用网络取代教师,用屏幕取代黑板。在网络教学中,常用的方式有以下几种。

第一,网络思想政治教育课程。这种课程是在 Web 技术的指导下,运用先进的教育思想、教学理论与学习理论,融合有交互性、共享性、开放性、协作性和自主性等基本特征。网络思想政治教育课程可以实现计算机网络技术的充分运用,利用网络多媒体、网站、网络文件传输工具、网络即时性教学传输等多种课程开发方式,实现思想政治理论课程的网络化。在网络思想政治教育课程的网站上同样可以开发与实际教学过程中相似的教学计划、教学大纲、电子教案、导学材料、辅导课件、案例分析、作业与练习

等材料，建立相应的网络教学管理与教学评价制度。

第二，建立校园博客自由网络空间。博客作为个人的网络空间，每个人都可以建立一个校园网络博客，并且在网上发表个人网络日志和个人文集，展示自身的个性与价值。教师和学生更应该利用博客平台这个工具进行交流。例如，在博客上，每个人把自己的工作安排和想法记录下来，就可以让在校师生更好地了解自己，还可以通过提交评论来进行在线交流，这样可以拉近教师与学生的距离，有困难也可以及时提出问题，交换看法。除此之外，借助校园博客的自由空间，教师和同学可以在网上发表自己的见解，和在校师生进行交流，可以形成新的认识和思想；也可以从别人那里借鉴到学习资源、技能、方法，来提高自己的能力和素质；还可以从别人那里学习到其他各方面的知识，来拓展自己的知识视野。同时，学校可以通过对校园博客进行科学有序的规划，整合壮大学校教育博客队伍，形成教育合力，实现智慧资源共享，建设高校教师的学习实践共同体，构建教师和学生在网上工作学习的家园。

第三，"在线交流"课程。所谓"在线交流"过程，是以计算机技术作为基础，把处于不同地方的教师和学生连接在网络中进行教学。"在线交流"的沟通方式是多维的，可以是 BBS，E-mail，视频网络会议等。这些形式都赋予了学生自我表达的权利，师生可以平等展开讨论和交流。由于没有上课时间的限制，教师可以针对学生的问题逐一地进行指导，开展多形式的网上教学活动。

十、加强大学生网络道德教育

（一）提升大学生网民主体的道德自律，强化网络道德责任意识

网络道德建设的关键是网民自身道德素养的提高。由于网上的信息鱼龙混杂、难以分辨，网络思想政治教育对象尤其是青少年的思想、观点很容易受不良信息左右，从而带来消极的影响。

因此,要加强网络道德宣传和教育,引导网民树立正确的网络伦理道德观念,提高网民对不良网络信息的识别力和免疫力,净化网络环境。我们可以通过网络宣传,引导学生具体的网络行为,强调大学生的网络道德责任意识。如引导学生不沉迷于网络聊天和网络游戏,要节制地使用网络;不利用网络攻击他人邮箱和网站,不做危害他人和国家利益的事;不在网上发布垃圾信息,污染网络环境;不浏览和传播淫秽物品;不在网上从事剽窃他人学术论文等侵权活动;不随便相信甚至附和网上的过激言论、虚假信息和反动信息等。使学生在具体的网络行为中增强自律意识,使他们在活动中受到潜移默化的网络自律教育。

高校网络思想政治工作者要教育网络受众注重慎独,在网络受众中形成以下三种意识。

第一,“慎独”是“为己”。即做到慎独不是为了他人的评论,而是为了自己内心的安定。

第二,“慎独”之时,既要重视“大过”,也要重视“小节”,养成“勿以恶小而为之,勿以善小而不为”的道德认知。

第三,“慎独”要注意“克己”。

(二)使大学生网民学会选择信息,提高大学生的道德判断力

传统的道德教育在本质上是一种“教会顺从”的教育,受教育者要无条件地吸纳和认同既定的道德价值、道德规范和道德理想,因而,也谈不上对大学生进行选择、判断与辨别能力的培养。但是,随着网络社会的到来,过去那种信息匮乏的时代一去不复返了,青年大学生一下子有了很多的选择的机会和可能性,这本身是一件好事,但选择的时代无疑需要一定的选择能力。

第一,重在培养学生的选择能力。青年大学生的世界观、人生观、价值观尚未成熟,抵御力较差。在面对着网络上海量的信息时,一些学生会产生选择困难,因此,选择能力的培养很重要。浩如烟海的网络信息一方面为学生发展提供了取之不尽的资源,另一方面给学生造成了强大的“信息压力”和“信息选择”的困难。

“信息压力”主要指学生面对网络信息的量增和变更，感受的是相互比较的直接和竞争的强烈，觉得发展太快、信息太多、应对太累，压力太大；反映在心理层面，就是“心躁”，即急躁、浮躁、焦躁、烦躁。这种心理特征表明学生的内心充满着矛盾。同时，在信息质的评价与选择上，由于存在着价值多元、多样和多变的社会背景，评价与选择的主观认定与客观参照借助信息必定互换更替，这就是在网络领域经常涌起的信息新潮、浪潮甚至狂潮，不断地更替评价与选择标准，一方面有利于期望值的攀升，产生激发作用，但另一方面也会使人无从选定，犹豫不决。因此，教会大学生学会选择，是高校德育在网络环境下所面临的一项新的课题。只有将它解决好，网络资源才会对大学生的发展产生正面的、积极的影响。

第二，培养网德，养成大学生良好的上网行为习惯。加强网络道德教育重在培养大学生的网络道德品质，或称为网络德性，形成良好的上网习惯。

网德的内容包括：爱国、守法、明礼、诚信、节制、正义、无伤、私密、责任和义务等十大主要网络德性。养成良好的上网习惯，既包括良好的上网心理习惯，也包括良好的上网行为习惯。引导大学生自觉遵守《全国青少年网络文明公约》，努力做到“五要五不要”，即：“要善于网上学习，不浏览不良信息；要诚实友好交流，不侮辱欺诈他人；要增强自护意识，不随意约会网友；要维护网络安全，不破坏网络秩序；要有益身心健康，不沉溺虚拟时空。”形成良好的网络行为习惯是网络道德教育的归宿和根本目标。

十一、提高高校教师的政治思想素质和计算机掌握能力

高校教师是网络思想政治教育的主体。高校无论是在传统教育还是在网络教育上，教育的主导力量正是教师。在网络教育方面，教师不仅要通过网络向大学生做思想政治教育工作，还要坚定大学生的理想信念，培养思想政治合格的高素质人才。邓小

平曾指出:一个学校能不能为社会主义建设培养合格人才,培养德、智、体全面发展、有社会主义觉悟的有文化的劳动者,关键在教师。所以教师,包括"两课"教师,除了讲政治,必须把育人放在第一位,并体现在教学的全过程中。中共中央办公厅文件《关于加强网络文化建设和管理的意见》中指出:"要加强网络文化队伍建设。建立一支具备较高政治素质、熟悉党的宣传文化工作、掌握网络传播技术、富于开拓创新精神的复合型网络宣传文化队伍。"思想政治教育的基本结构之中,无论是大学生思想政治教育指导思想的摸索、制定和贯彻,还是信息系统的建立、维护和改善,都离不开一群既有较高政治理论水平、掌握网络技术又具备较高的网络管理才能和信息时代思维方式的工作队伍,这是推进网络思想政治教育的关键。

当今世界,信息高速公路已将整个世界联结成为"地球村",网上学习、网上查询、网上交流已成为时尚。学校的现代化水平提高了,教师队伍的现代化水平也必须得提高。教师要有终身教育的意识,不断增强自身知识和能力。在现今互联网时代,一位人民教师如果不会运用互联网,那将是不可想象的失败和落后。高校教师不但要努力提高自身思想政治素养,坚持共产主义理想,坚定不移地坚持社会主义信仰,还要努力掌握和运用现代化教育技术。主动应用电脑备课,提升自身素质,熟悉运用各种应用软件和办公软件,提高课件制作技巧。

第九章　大学生思想政治教育机制的建设与发展

现代社会环境的快速变化和大学生思想的新趋势向传统思想政治教育提出了严峻挑战，它不仅弱化了传统思想政治教育的效果，而且向思想政治教育的各个方面提出了新的要求。在当代社会环境下，要继续发挥这种传统和优势就要依托于科学高效的大学生思想政治教育机制的建立、健全和完善。大学生思想政治教育只有适应新环境，努力探索思想政治教育的新特点和新规律，建立健全大学生思想政治教育的有效机制，才能不断增强大学生思想政治教育的感应力和渗透力。

第一节　大学生思想政治教育机制的发展与创新

所谓机制是指“机体各要素之间相互作用、相互联系的制约关系和功能体系构成。它是一种能够规范和推动组织行为，使它们向着目标的内在机理不断拓展，并具有引导、激励和约束组织及个人的行为，从而实现机体活动进行良性循环的基本功能。”①

大学生思想政治教育机制主要是指为了实现大学生思想政治教育的目标，切实提高大学生思想政治教育的实效性，大学生思想政治教育者基于思想政治教育系统内部各方面因素之间相

① 徐志远，宾培英.思想政治教育机制：现代思想政治教育学的重要范畴[J].当代教育论坛，2009(2).

互作用、相互制约、相互联系的联结方式而构建起来的工作体制。

一、社会发展要求思想政治教育机制创新

(一)思想政治教育机制创新是市场经济发展的需要

随着我国经济体制的转型,社会主义市场经济的发展,使得大学生思想政治教育在新时期面临着诸多新问题,这一转变对当代大学生思想政治教育提出了相应的新要求,一方面要求我们继承思想政治教育的优良传统,另一方面要求思想政治教育进行创新,更新观念,优化机制。毋庸置疑,计划经济体制下形成的思想政治教育机制有着其独特的特点,在某种程度上促进了社会的发展和进步,但到目前,随着社会形势的转变,很多因素已经明显不适应社会新形势的发展,如单纯依靠行政命令、单一组织开展思想政治教育的机制;自成一体、相对封闭的思想政治教育管理机制;单向灌输式的教育机制;等等。当前随着社会主义市场经济的大力发展,就必须建立适应其发展的思想政治教育机制,并不断优化创新。

(二)思想政治教育机制创新是社会文化发展的需要

文化变迁是一个不以人的意志为转移的客观历史过程。在文化变迁背景下,经济、科技安全方面面临的挑战不断加大,西方发达国家不断通过文化渗透的形式抢占我国意识形态领域的主导地位,不断对我国的青少年学生进行“西化”,由此可以看出,党和国家不能削弱思想政治教育的文化功能,相反还要大力加强。在社会文化发展的过程中,网络文化通过大众传媒无处不在,思想政治教育工作者的话语权也在遭受着受教育者的质疑。在思想政治教育过程中主体间的平等和民主,可以带来三个结果:一是大大弱化了强制性单向灌输的功能。二是有效地提高了学生进行自我教育的能力,切实提高了大学生思想政治教育的实效

性。三是可以使受教育者积极主动参与思想政治教育过程，在实践中平等待人、尊重他人、学会民主。思想政治教育的终极目标是实现人自由全面发展，这一目标的最终确立，从理论和实践两个层面为思想政治教育的创新指明了方向。

（三）思想政治教育机制创新是高新技术发展的需要

当今时代，信息技术的迅猛发展，严重影响、改变着人们的生产、生活和思维方式，也给思想政治教育的发展和创新提出了挑战。网络就像一把“双刃剑”，如果利用好了，就对人们的健康成长与发展起很大的促进作用；如果利用不好，又会对其产生很大的负面影响。互联网在为人们带来了开放共享意识的同时，也造成了“信息污染”；在为人们带来了相互交流的快捷与便利的同时，又使人们过于依赖网络而影响了健康人格的形成；在为人们提供了学习生活便利的同时，也为网上的不良行为甚至犯罪提供了温床；等等。种种现象表明，开放网络冲击着传统思想政治教育的主导地位，使人们把大量时间和精力投入互联网上，而对于正式组织的思想政治教育活动却很少参与；此外，网络环境的不可控性也在污染着开展思想政治教育的外界环境。可以这样讲，如何构建具有时代特色的网上思想政治教育是对传统的思想政治教育模式提出的极大的挑战。

（四）思想政治教育机制创新是自身生存发展的需要

制度是建立机制的基础，机制的优化过程也即建立健全并贯彻落实各项制度的过程。邓小平也曾经指出，制度问题更为根本。因此，确保思想政治教育始终具有生机与活力的关键，除了树立正确的指导思想之外，最重要的还是要在继承思想政治教育优良传统的基础上，不断地创新、优化和完善思想政治教育机制。改革开放三十多年来，我国思想政治教育取得了很大的成就，形成和积累了很好的经验，这一点是不可否认的，但是我们也要正视我国思想政治教育工作中存在着诸多问题，尤其是思想政治教育机制方面存在很严重的问题,机制不健全、不完善、不能完全适应社会市场的发展。因此,加强思想政治教育机制创新是思想政治教育自身生存发展的客观需要。

二、大学生思想政治教育机制的创新探索

保证大学生思想政治教育活动及其过程的有效性是当前大学生思想政治教育机制建构重心。大学生思想政治教育整体机制体现在组织领导、工作队伍、经费物质等方面,这些机制的整体建构,是大学生思想政治教育工作能够正常、有序、有效地进行的根本保证。

(一)大学生思想政治教育的组织机制创新

1.发挥党组织统一领导作用

党组织统一领导大学生思想政治教育,是加强党对大学生思想政治教育领导的关键。我们党在长期的革命和建设实践中,一贯坚持对思想政治工作的领导,强调党的各组织都应当把思想政治工作摆在重要位置,切实加强党的领导。高校大学生思想政治教育是党的思想政治工作中的一个具有特殊重要意义的组成部分,在党的教育事业中有十分重要的地位和作用。我们的高校能否坚持党的基本路线和教育方针,能否坚持把坚定正确的政治方向放在第一位,培养社会主义的合格人才,很大程度上取决于能否切实加强大学生思想政治教育工作,取决于党组织对大学生思想政治教育的统一领导能否充分落在实处。党组织在大学生思想政治教育中的主要职责是:主持制定大学生思想政治教育的总体规划、年度计划和重要制度,并组织实施;参与学校重大问题的决策,保证监督党和国家的方针政策在学校的贯彻执行;坚持“党管干部”的原则,适应现代高等教育的特点,依法参与学校人事管理,抓好行政业务人员队伍,特别是领导班子的思想作风建设;发

挥党组织的战斗堡垒作用和党员的先锋模范作用，发动党员做群众工作；掌握大学生的思想动态，及时进行思想政治教育；领导工会、共青团、学生会做好大学生思想政治教育，搞好大学生思想政治教育队伍建设。根据党组织在大学生思想政治教育中的职责，高校党组织应根据党的中心任务和大学生思想实际，认真做好调查研究，准确、及时地掌握大学生思想变化，从实际出发，确定大学生思想政治教育的总体设想、长远规划、年度目标及各项制度和措施。要注意把大学生思想政治教育纳入到总体工作计划之中，与学校的教育教学工作紧密配合，并且注意对思想政治工作计划进行检查和落实，并作为衡量学校工作好坏的指标之一。面对新世纪复杂多变的国际国内环境，还要努力研究和探索大学生思想政治教育的途径和方法，切实加强和改进大学生思想政治教育工作，增强大学生思想政治教育的科学性、针对性和实效性。

2.建立和完善合力机制

大学生思想政治教育在党委的统一部署下，党政齐抓共管，还要建立和完善大学生思想政治教育合力机制，努力形成大学生思想政治教育各部门、各主体相互配合、彼此联系、共同推进的合力局面。首先要形成高校党、政、团、学等部门思想政治教育的合力。党委主要是制定思想政治教育目标、计划，对思想政治教育重大问题进行决策；行政部门既参与学校思想政治教育部分重大问题的决策、讨论，又通过行政管理具体落实各项思想政治教育计划和决策；团委、学生处在全校范围内配合各院系开展思想政治教育，组织各项校园文化活动、社会实践活动。党、政、团、学、院系各部门应相互沟通、相互协调。其次，要形成高校党政干部、共青团干部、思想政治理论课教师、哲学社会科学课教师、班主任、辅导员等各教育主体的合力。各教育主体因部门性质和分工不同，在思想政治教育方法和途径上存在差异，有各自的工作规律、职责与分工，但要避免各自为政，应加强合作、沟通与支持，才能取得事半功倍的效果。总之，大学生思想政治教育作为一个系统,追求的是整体效应,思想政治教育组织领导必须采取各种措施,促进各部门、各教育主体既分工明确又协同作战,形成合力。在部分高校,专门成立了由党政领导、院系、团、学主处领导以及德育专家组成的思想政治教育委员会,统筹安排、协调整个学校的大学生思想政治教育,这一机构的建立有利于高校整合不同的思想政治教育资源,促进各教育资源的互动,形成各教育资源的合力,有利于创建党政协调、专兼结合、主辅相配、全员育人的工作局面,值得在实践中进行推广。

(二)大学生思想政治教育经费物质保障机制的创新

1.确保和完善大学生思想政治教育基本设施、设备建设

基本设施、设备是大学生思想政治教育的基本物质保障,是开展大学生思想政治教育必不可少的物质条件。如思想政治教育工作部门的活动场所、学生心理咨询的场所、学生群体活动的场所、开展大学生就业服务工作所需的场所等。又如,思想政治理论的教育教学也必须有基本的物质保障,包括专题图书、教学资料、计算机、多媒体设备等,教师要提高教学效果,就离不开现代化教学手段,在多媒体教学中,软件的开发、教学网站的建立、信息的发布都离不开一定经费的支持。学校应根据大学生思想政治教育的发展情况,不断地改善和优化基本设施和条件。

2.确保大学生思想政治教育各项实践活动有序开展

社会实践是大学生思想政治教育的重要环节,对于促进大学生了解社会,了解国情,增长才干,奉献社会,锻炼毅力,培养品格,增强社会责任感具有不可替代的作用。高校应科学认识社会实践对于培养大学生思想政治素质的重要性,落实经费,确保大学生思想政治教育各项实践活动有序开展。比如,支持大学生开展军事训练、生产劳动、社会调查、志愿服务、公益活动等形式为主的活动,让他们了解国情、认识社会,增强社会责任感;支持大

学生结合所学专业，开展专业实习、挂职锻炼、助研助管、科技发明、创业等实践活动，让他们在社会实践中增强能力、提高创新意识。

3. 确保大学生思想政治教育工作的专项经费

思想政治教育活动的关键在建设一支精干、高效的思想政治教育工作队伍，必要的专项经费则是建设这支队伍的物质基础。高校要确保思想政治教育专职人员待遇不低于专业教师待遇的经费，确保思想政治工作者的学习进修、培训提高、社会考察、表彰奖励，以及组织思想政治教育理论研究、课程建设、实践调查、聘请专家学者指导、参与教育活动等所需经费。

4. 确保贫困生资助经费

贫困生是高校的弱势群体，比其他大学生群体更需要思想上的关注和理解，心理上的沟通与疏导。对贫困生进行思想道德教育是大学生思想政治教育的重要任务，直接关系到校园的和谐和稳定。加强贫困生的思想道德教育，必须高度重视贫困生的扶贫工作，把物质扶贫和精神扶贫结合起来。因此，学校必须加大贫困生扶贫力度，完善国家的助学贷款政策，设立学校勤工助学岗位，特别是要设立贫困生专项资助经费，扩大高校奖、助、补、减的资助，帮助贫困学生解决经济困难。

第二节　大学生思想政治教育队伍机制的建设与发展

大学生思想政治教育工作队伍是加强和改进思想政治教育的组织保证，因此必须要建设一支政治强、业务精、作风正的思想政治教育队伍，这支队伍的优劣及稳定与否直接关系到大学生思想政治教育的成效。因此，加强和改进新时期的思想政治工作,最重要的一条保障就是要加强新时期的思想政治教育队伍建设。

一、大学生思想政治教育队伍机制的特征、构建前提与重要性

通过明确大学生思想政治教育队伍的概念内涵和基本特征,可以对大学生思想政治教育队伍的概念获得基本的把握。大学生思想政治教育队伍的概念有广义和狭义之分。从广义来看,大学生思想政治教育队伍是思想政治教育工作者的集合体,包括学校的全体党员、干部、教师等,即全体教职员工;从狭义来说,大学生思想政治教育队伍包括专门从事思想政治理论课教学的专职教师队伍和受党组织委托从事大学生思想政治教育的人员组成的群体,包括党的各级组织成员和团的各级组织成员。

(一)大学生思想政治教育队伍机制的特征

1. 层次性

世界上没有两片完全相同的树叶,人也如此。在现实生活中,每一个人的生活环境不同、经历不同、所受教育程度不同,因此现实生活中任何人都是独一无二的,即社会现实生活中的人存在个体差异性。而大学生思想政治教育队伍正是由这些现实生活中的人构成,因而也存在个体差异性。这些差异使得大学生思想政治教育队伍也具有明显的层次性。

大学生思想政治教育队伍依据不同的标准可以划分为不同的层次。例如,从年龄角度来讲,大学生思想政治教育队伍具有老年、中年、青年等层次;从受教育程度来讲,可划分为博士、硕士、本科、大专等层次;从其自身的素质来看,可划分为高、中、低等层次。大学生思想政治教育队伍的层次性特点,要求我们在建设大学生思想政治教育队伍过程中针对不同的对象,制定不同的

规划，提出不同的层次要求，并且运用不同的方法，有针对性提升不同层次的大学生思想政治教育者素质。

2.阶级性

在阶级社会的一切国家和所有发展阶段，都普遍存在着思想政治教育。思想政治教育队伍是思想政治教育的具体实施者，是统治阶级在教育领域的代言人，所以，思想政治教育队伍具有阶级性特征是必然的。不同统治阶级的思想政治教育，在培养和造就统治阶级所需的人才方面是存在共性的，即为了维护和巩固自己的统治，他们总要把本阶级的思想观念、政治观点和道德规范通过各种渠道、采取各种手段向人们灌输，以影响人们的思想、进而指导人们的行为。共产党人从不隐瞒自己的观点，我们的教育就是要培养德智体美劳全面发展的社会主义事业的建设者和接班人，而绝不能培养无产阶级的掘墓人。因此，大学生思想政治教育队伍作为党的思想政治教育的具体实施者，也有着明显的阶级属性。

3.多变性

时代的变化、社会的发展，使大学生思想政治教育的主体、客体、内容、形式等各个方面必然也要发生相应的改变。作为大学生思想政治教育的主导者，这支队伍本身也必然和必须首先做出改变。他们必须既有丰富的科学文化知识和深厚的马克思主义理论功底，又要学会运用新的现代传媒手段以适应当代大学生的新特点，他们既要有坚定的政治信仰、又要学会民主的教育方法，这样的要求对于那些多年从事思想政治教育的老教师是一个极大的挑战，对于那些刚刚走上工作岗位的年轻的理论工作者也是一个严峻的挑战。处在这样一个变革的时代，思想政治教育队伍不发展、不变革就没有出路，就不能很好地完成党交给他们的任务。

(二)大学生思想政治教育队伍机制的构建前提

高水平的教师素质是构建现代大学生思想政治教育队伍机制的重要前提,其具体内容分析如下。

1. 知识和能力素质

在教学活动中,要求大学生思想政治教育者必须具备充足的理论知识和较高的能力素养,这主要包括马克思主义及其中国化的理论知识、教学和教育能力、对话能力、教学艺术、科研能力、创新能力和实践能力。

大学生思想政治教育是一项知识性、专业性和综合性很强的工作,因此必须具备丰富的理论知识。大学生思想政治教育工作者的理论知识主要有以下两个方面:第一,思想政治教育队伍开展思想政治教育的目的在于帮助受教育者树立科学的世界观、人生观和价值观,使之成为符合社会发展要求的人。这就要求教育者必须掌握扎实的马克思主义理论及其中国化的理论知识。第二,思想政治教育具有很强的思想性和针对性,这就要求教育者具有坚实的思想政治教育专业知识,这些知识既是开展大学生思想政治教育工作的理论指南,也是教育者把握思想政治教育规律,运用科学方法开展教育的基本保证。

除了丰富的理论知识外,高校教师还应该具有较强的教学、科研和实践能力。教学能力是对教学信息的加工和传导,以及对教学的组织管理能力,即我们通常所说的教学技能、教学技巧。教学能力是大学生思想政治教育者能力结构中最重要的部分。教育者只有具备对教学信息进行合理加工和传导的能力,才能被学生掌握和接受;只有运用思想政治教育专业知识,在实践中了解受教育者心理活动规律,把握大学生的思想动态,对其进行有效的影响和引导,才能够创造出思维活跃、生动活泼的学习气氛,使学生真正地融入教学。

科研能力体现在教师对专业知识和教育理论的刻苦钻研上,

体现到大学生思想政治理论课中就是要教师积极关注本学科的科研动态和学术信息，追踪学科前沿，并结合时事热点和焦点问题，提高教学质量。

理论知识学习的最终目的是指导实践，尤其是对思想政治理论而言，如果不将其运用到实践中，就容易显得空洞。因此，在教学过程中，思想政治理论教师要根据思想政治教育的专业知识和学生的特点，理论联系实际，让学生在日常生活中体验和感悟理论知识，提高学生观察问题、分析汲取知识、科研创新的能力。

2.思想道德素质

教育工作者对学生起示范、引导的作用，教育工作者的言行潜移默化地影响着学生的成长，这就要求教育工作者要以身作则，具备较高的思想道德素质，并将这些思想道德素质具体实行起来，保持言行一致。思想道德素质是大学生思想政治教育队伍应具有的基本素养之一。它主要包括科学的世界观和人生观、辩证唯物主义和历史唯物主义的基本观点、社会公德和家庭美德、职业道德素质。

(1)树立正确的世界观、人生观。世界观是人们对世界总的看法和(或)根本观点。人生观是人们对人生目的和意义的根本看法和态度。不同社会地位的人们，出自不同的观察角度，从而形成了不同的世界观。世界观不同，人们的人生观也就不同。世界观与人生观是统一的，有什么样的世界观，就有什么样的人生观。大学生思想政治理论课教师的主要任务就是对学生进行世界观、人生观的教育，这就要求教师自己必须要有科学的世界观、人生观。

(2)重视社会公德和家庭美德。从事思想政治教育的高校工作者，不仅在教书育人上具有良好的职业道德，作为社会成员和家庭成员也要体现出良好的道德。大学生思想政治教育工作者的表率作用表现在方方面面。在社会上，表现为遵守社会公共秩序，爱护公共财物，助人为乐，弘扬正气，待人接物文明得体。在家庭中,表现为正确处理家庭问题,坚持男女平等、人格独立,与邻里团结互助,共同培养和发展夫妻爱情、长幼亲情、邻里友情的团结和睦、文明礼貌、积极进取的家庭环境。

(3)努力提高职业道德素质。教师的职业道德具有广泛、深远、长期的影响,其职业道德行为也具有强烈的示范作用。因此思想政治理论课教师要想取得良好的教学效果,取得高校整个思想政治工作的成功,必须严格按照职业道德规范要求自己,这样才能赢得同行和学生的信赖和尊重。在工作中,全面贯彻党和国家的教育方针,遵守相关的法律法规,依法履行教师的职责。对工作,勤恳敬业,乐于奉献;对教学,遵循教学规律,实施素质教育;对学生,尊重学生人格,关心爱护学生;对同事,尊重同事,团结协作;对自身,知荣明耻,严于律己,以身作则。思想政治理论课教师只有对职业无限热爱,提高自身在学生心目中的地位和威信,才能激起学生对政治理论的兴趣,提高思想政治理论教育的感染力和实效性。

3. 网络媒介素质

大学生思想政治教育工作者的网络媒介能力是指大学生思想政治教育工作者利用网络媒介增强思想政治教育工作效果的能力。大学生思想政治教育工作者应该具备如下四个方面的媒介能力,即网络媒介的运用能力,网络媒介的批判、反思能力,分析、制作信息的能力和培养大学生网络素养的能力。

(1)运用网络媒介的能力。大学生思想政治教育工作者应具备运用媒介设备进行思想政治教育工作的能力。大学生思想政治教育工作者要熟练掌握各类网络常用信息媒介的操作,如最基本的 Office 2010、Photoshop 等应用软件;Internet Explorer、Firefox 等浏览工具;Google、百度、Yahoo 等搜索引擎;网络下载工具;Outlook Express 等电子邮件的收发工具;还有最常用的QQ、MSN、博客、校内网络等互动交流工具。其次,要有较高的外语水平。网络时代,大学生思想政治教育工作者的外语水平特别是英语水平，已经成为衡量大学生思想政治教育工作者综合素质的重要依据。信息技术的飞速发展和互联网的广泛应用，使全球信息实现快速融合。国际上最新的网络技术的交流和使用，很多是通过英文向世界推广，思想政治教育工作者具有较高的英语水平，有利于掌握网络的使用情况，提高获取信息的能力，进而提升网络的使用能力。

(2)分析、制作网络信息的能力。大学生思想政治教育工作者要利用已经获取的有价值信息，遵循大学生思想政治教育基本原理，结合网络的应用，分析、创作出适合大学生网络思想政治教育工作材料的能力。这种创造性的信息制作能力主要表现在两个方面：一要具有较高的信息整合能力。网络时代，信息数量成几何级数增长，大学生思想政治工作者不能仅仅简单地把信息堆砌起来，还必须要集各媒体之所长，通过网络媒介来获取国内外发生的重大事件，综合运用文、图、声、像等多种表现手法，对所收集的信息资料进行汇编整合、加工提高，使之体现深层次的内涵。二要具备创新大学生思想政治教育的能力。网络时代，信息的迅速更替和传播速度日益加快，在激烈的意识形态斗争领域中，谁能够充分利用网络媒介资源，创作出大学生喜闻乐见的积极向上的思想“作品”，在争夺意识形态斗争主动权时就具有优势。为此，大学生思想政治教育工作者应当适应网络时代的要求，拓宽大学生思想政治教育工作新选题，凸显独特风格，积极探索大学生思想政治教育工作新方法，始终站在时代前沿，形成与大学生共同交流，共同进步的思想政治教育的新局面。

(3)培养大学生网络素养的能力。这种能力是大学生思想政治教育工作者网络素养的最高目标与落脚点，是其网络素养的高层次阶段。大学生网络思想政治教育工作者作为特殊的媒介受体，与普通大众的最大区别是他们不仅要掌握基本的媒介生存策略，更重要的是要将这种思维和策略通过教学的过程传授给学生，将他们的网络知识转化为对学生媒介素养的提升。大学生思想政治教育工作者网络媒介能力的提升，是从对网络媒介基本知识的认知开始,经过对网络媒体技术开放性、本质的了解,传播信息的方式以及网络信息的价值认识,最终转化成对大学生网络素养的能力的培养。因为,唯有大学生的网络素养得到切实增强,大学生思想政治教育工作者的网络素养能力才能真正得到升华,两者互为补充,相互促进。对此,大学生思想政治教育工作者应具备较强的整合能力与融会贯通能力,将自己思想政治教育工作与网络素养进行有效的融合,融入网络素养教育的思维与内容,使其合理有效使用媒介,利用网络媒介增长知识,以及提高对网络信息的辨别能力,形成健康向上、积极进取的思想意识和审美情操,实现在培养大学生网络素养的基础上,提升自身的网络素养。

4. 身体和心理素质

思想政治教育工作者的身心素质是衡量和考察思想政治教育队伍建设水平的基本内容。大学生思想政治教育工作者的身体心理素质主要包括强健的体魄、健康的生活方式、正确的认知、愉快的情绪、坚忍的意志、执着的信念、合理的需要、广泛的兴趣、谦和的气质、开朗的性格、完整的人格和高尚的品质。它对教学活动的顺利进行、教师自身的发展、学生个性的全面发展都有重要作用。身体素质好,思想政治教育工作者才能胜任长时间、高强度的教学、科研及为社会服务的工作。

(三)加强现代思想政治教育队伍机制的重要性

1. 加强现代思想政治教育队伍机制是提升现代思想政治教育成果的基本保障

现代思想政治教育能否达到预期的效果,其价值能否实现,一要靠真理的力量,二要靠人格的力量。但无论是真理的力量还是人格的力量,都要通过现代思想政治教育工作者体现出来。一方面,他们所宣传教育的内容,必须是合乎实际,反映事物的本质和社会发展的真正规律,能够正确而且深刻地体现马列主义、毛泽东思想、中国特色的社会主义理论体系以及党的路线、方针、政策的精神实质的；另一方面，他们又必须带头实践自己所宣传、提倡的东西，做到言行一致，才能起到示范带头作用。因此，只有提高思想政治教育工作者的素质和能力才能推动现代思想政治教育工作的发展。

2. 加强现代思想政治教育队伍机制是时代的客观要求

十八大上，党提出了新时期我国的发展目标，即全面建设小康社会，为了完成这个奋斗目标，新时期的社会公民必须肩负起这一光荣而伟大的历史任务，做一个合格的、优秀的新时代青年。在现代思想政治教育的开展过程中，应该深入进行马克思主义基本理论、党的基本路线、基本纲领等内容的教育，帮助他们树立起坚定的社会理想。在社会群体中的宣传教育，引导人们树立中国特色社会主义的共同理想，加强现代思想政治教育工作，应该妥善处理各种矛盾和问题，特别是涉及社会成员切身利益的矛盾，一定要谨慎的处理和对待，以保持友好团结的局面。爱国主义教育也是思想政治教育中的重要组成部分，要抓住社会群体的思维特点和心理需求，结合他们的需求深入开展以爱国主义为核心的团结统一、爱好和平、勤劳勇敢、自强不息的民族精神教育。党团组织应该充分发挥自己的在思想政治教育中的领导作用，通过合理的规划与管理在社会群体中全面开展思想政治素质教育，坚定社会成员的政治立场。精神文化教育是提高公民思想道德水平的重要途径，同时也是进行思想政治素质教育，提高人们思想政治水平的重要方式。

3. 加强现代思想政治教育队伍机制是强化和改进思想政治教育的客观需要

思想政治教育队伍建设是关系到思想政治教育目标、内容、过程、评价、领导能否得到贯彻落实，思想政治教育工作能否取得实际效果的一个重要环节。研究思想政治教育队伍的建设规律，把握这支队伍的结构、职能和培养、管理的组织措施,是全面提高思想政治教育者的素质、搞好思想政治教育工作的组织保证。

4.加强现代思想政治教育队伍机制是促进社会改革、发展与稳定的基本要求

社会改革与发展,都是在一定的环境中进行的,如果没有稳定可靠的环境作为保障,那么社会改革工作将会受到巨大的阻力,从而影响社会的发展。思想政治教育工作者肩负着维护社会发展和稳定的重要责任,正是因为有了他们的存在才使得社会改革稳定能够获得发展。思想政治教育工作者在思想政治教育中有着重要的作用,他们直接与受教育群体接触,能够清晰地了解他们的思想状况以及内心的需求,能够很好地弥补思想政治教育针对性较弱的缺陷。

二、大学生思想政治教育队伍的结构与长效机制

(一)大学生思想政治教育队伍的主要结构

1.管理结构

大学生思想政治教育队伍的管理结构,主要是为了更好地完成思想政治教育任务而必须建立科学管理的运行机制,这种运行机制要充分体现党政合力、专兼合一、齐抓共管、管教结合的指导原则。党政合力,是指党政两个系统的力量要拧成一股绳、合成一个劲,充分体现出领导得力、工作得力、措施得力;专兼合一,是指专职和兼职两支队伍合二为一,专职为骨干,兼职是基础,工作上一个方向、一个目标、一个步调;齐抓共管,是指调动一切力量,发动所有人员共同管理。党、政、工、团齐心协力,紧密配合,各单位和各部门行动一致,通力合作;管教结合,是指教育和管理紧密结合,以教育带动管理,用管理促进教育。在管理过程中要敢于

管理、善于管理、严于管理，体现从严治校的原则。在教育中要进行有针对性教育、联系实际教育、全方位综合效能教育，体现教育为本的原则。

2. 职能结构

大学生思想政治教育队伍主要履行的职能有理论教育，工作管理，日常教育理论研究等。因此，大学生思想政治教育队伍主要应该包括负责思想政治教育工作的领导和管理干部；负责思想政治教育的理论教学人员；负责日常思想政治教育和管理的工作人员；负责思想政治教育理论的研究人员等四个部分。这四部分人构成了大学生思想政治教育队伍的主体。

3. 人员结构

合理的人员结构主要是指大学生思想政治教育队伍，特别是专职队伍在年龄、职称、学历等方面进行科学的配备和充实，从而提高这支队伍的整体素质，产生最佳功效。

(1)年龄结构。大学生思想政治教育队伍人员结构中，不同年龄人员的比例构成和相互关系，主要分为老、中、青三部分。思想政治教育是一项具有多种职务和任务的复杂工作，有的任务需要有丰富经验的年长者来承担，有的则需要有创新意识的年轻人来完成，因此，思想政治教育队伍应该是一支老、中、青相结合的具有合理比例的综合体，并处于不断发展的动态平衡中。在当前，这支队伍年龄偏低的现象较为突出。特别是第一线从事日常思想政治教育和管理的干部，如政治辅导员和团干部，几乎全是近几年毕业的研究生，他们大多年龄较小，经验不足。而在思想政治教学队伍中，中青年人员所占比重也很大。这种年龄结构需要做认真合理的调整。一般来说，为了适应学生工作的需要，这支队伍应当相对年轻一些，应以 25～45 岁的人员为主，这支队伍还需要政治坚定、业务过硬、作风扎实、有较高文化水平的中青年同志，充实到大学生思想政治教育部门，以便形成老中青合理搭配的年龄结构。只有这样的年龄群体结构,才能依据人的心理特征和经验能力水平,发挥各自的最优效能,避免各自的不足。

(2)职称结构。专职思想政治教育队伍同其他业务教师一样具备合理的职称分布。合理的职称结构对于这支队伍的建设和稳定,对于提高这支队伍的素质具有重要意义。思想政治教育队伍的职称可以按教师系列,可以按政工系列,也可以按研究系列。合理的职称结构,一般来说助教应占40%左右,讲师应占40%左右,教授副教授占20%左右。由于队伍存在着年龄老化和后继乏人的情况,所以对于那些具有高级职称的同志,可以根据需要继续返聘。

(3)专兼结构。大学生思想政治教育队伍中精干的专职与大量的兼职人员的结合。合理的专兼结构是调动广大教师和干部教书育人、管理育人、服务育人积极性和创造性的重要措施和手段。大学生思想政治教育队伍应由精干的专职人员和较多的兼职人员组成,以专职人员为主,以兼职人员为辅。

(4)学历结构。大学生思想政治教育的对象是大学生群体,这就要求思想政治教育者必须具有较高的正规教育学历。从长远看,大学生思想政治教育者应达到硕士水平,其中有的应达到博士水平,至少也应达到双学位水平或本科学位水平。同时,思想政治教育队伍应当由初级、中级、高级知识水平的人按一定的比例构成,这种结构一般应该是正三角形的稳态结构,即初级职称人员数量大、中级职称人员数量较大、高级职称人员数量小的结构,而且还应随着需要而不断地加以调整。只有这样,才能使具有不同知识水平的人相互配合,构成一个动态平衡的有机体。

(二)大学生思想政治教育队伍建设的长效机制

构建现代思想政治教育队伍建设的长效机制,既是原则方法,也是具有长远意义的重要举措。

(1)领导要从战略高度认识思想政治教育的重要性,采取切实措施保证思想政治教育的社会地位。领导必须认识到思想政治教育教学是保证社会主义办学方向的根本。要杜绝思想政治教育“说起来重要、做起来次要、忙起来不要”的错误思想，要实实在在地重视思想教育理论教学，及时解决思想政治教育在实际中遇到的各种问题。

（2）加大现代思想政治教育队伍培训的投入力度。管理部门可在思想政治教育建设专项资金中，按照不同职称等级，每年拨给每位现代思想政治教育者相应的资助金额，用于他们参与各种学术交流活动，他们的专业水平和综合素质。

（3）积极开展现代思想政治教育队伍的培训工作，建立分层次、多形式的培训体系，一方面选派方永刚式的教学名师担当培训主讲，有计划地组织现代思想政治教育队伍进行培训、研修。另一方面，鼓励和支持现代思想政治教育队伍走出校园，走向社会，获取更多更丰富的感性材料。

（4）积极引进高水平、高素质的新教师，通过补充新鲜血液，不断充实现代思想政治教育队伍的力量，提高思想政治教育队伍的现代化水平。要提供较为优惠的待遇和良好的工作条件，吸引高素质人才从事思想政治教育教学工作，使他们逐步成为本校思想政治教育队伍的重要补充力量，优化教师队伍。

（5）坚持标准，改善结构，规范现代思想政治教育队伍选拔制度。要充分考虑到现代思想政治教育教学目标，不仅要把好入口关，坚持德才兼备的原则选拔政治素质好、个人能力强的教师来担当现代思想政治教育工作，还要积极扩大队伍来源，优化队伍结构，增强队伍的战斗力，以适应不断变化的新形势。

（6）积极扶持学科建设，为现代思想政治教育队伍提供宽广的发展平台。很多优秀的中青年教师，他们不仅希望自己能够成为一名优秀的教学者，而且希望以相关学科做依托进行科研工作，成为一名学有所长的学术研究者。因此，应积极扶持学科和学位点建设，努力培养具有潜力和影响力的学术带头人。

第三节　大学生思想政治教育评价机制的建设与发展

建立科学有效的大学生思想政治教育评价机制能够对思想政治教育的成效进行准确的描述与评价,从而发现大学生思想政治教育工作的不足,为改进思想政治教育的策略与方式提供科学的依据。大学生思想政治教育评价是一项严密的科学论证工作,必须严格遵守评价原则,采用科学的评价方式才能达到预期的效果。同时,加强对大学生思想政治教育工作评价问题的研究,建立大学生思想政治教育工作的科学评价机制,对推动大学生思想政治教育工作的进行,充分发挥大学生思想政治教育在高等教育中的核心作用具有重要的意义。

一、大学生思想政治教育评价的基本内容与功能

大学生思想政治教育评价就是根据社会对大学生思想政治教育的要求以及大学生思想政治教育评价对象的实际,确立指标体系,运用测评和统计等先进方法,对大学生思想政治教育的实际效果进行价值判断的过程。据此,大学生思想政治教育评价就是教育主管部门或高校根据大学生思想政治政治教育的目标、要求以及大学生的思想实际,确立指标体系,运用测量和统计等先进方法,对大学生思想政治教育的保障机制、实施过程及实际效果等进行价值判断的过程。它为考核教育者(部门)的工作绩效和制定科学的大学生思想政治教育决策提供重要依据。

(一)大学生思想政治教育评价的主要内容

大学生思想政治教育评价机制,是指通过对思想政治教育内容、方式方法的效果进行全面的、科学的评价,进而建立的反馈思

想政治教育效果的有机体系。为确保思想政治教育评价沿着正确方向,科学、有序、协调地开展,就必须要建构一套有效的评价机制。

1.政策导向机制

政策导向是指为了促进评价对象全面发展,改进和加强思想政治教育,而在思想政治教育评价中制定的表彰奖励、批评处罚等引导性政策。思想政治教育评价的目的,不仅是对评价对象素质现状的总结和鉴定,更重要的是改进思想政治教育,提高思想政治教育工作的质量和效果。评价的功能,并不是随着评价报告的提出而结束,而是要考虑评价结果能够发挥的指导作用,因而,需要在评价中制定一系列与评价对象切身利益、发展前途等相关的政策,充分发挥政策在评价中的导向作用。政策导向涉及评价对象的切身利益和社会发展,应有步骤、分阶段落实。

2.技术支撑机制

为了提高评价准确度,增强评价科学性,应充分运用先进技术,为思想政治教育评价的正确、高效展开提供有力支撑。

第一,组织专家进行技术指导。思想政治教育评价具有自己的一整套理论和专门的技术要求,在开展评价时,应由专门从事评价研究的专家、教授担任评委或顾问,给予评价技术性指导。

第二,组织评价人员进行技术培训。评价人员对评价技术掌握的熟练程度,直接影响着评价的进度,因此,应有计划地为评价人员举办技术培训,提高他们的业务水平,从而更好地发挥他们在评价中的技术鉴定作用。

第三,建构数学模型。要充分发挥数学模型在评价中的技术支撑作用,将其应用于思想政治教育评价中,需建构以下三类模型:检验类数学模型、信息处理类数学模型、评价定义类数学模型。这些数学模型对于提高评价结果的准确性和正确性具有十分重要的作用。

第四,运用高新科技成果。高新技术的发展为思想政治教育评价的科学化提供了良好机遇。如:可以将现代技术设备与思想政治教育评价有机结合起来,实现“评价工作数字化”,以保证思想政治教育评价的理论、实践与技术都能实现符合时代特色的科学化发展。

3. 管理调适机制

在思想政治教育评价中,无论是评价者还是受评者,其情感都会对评价产生影响。正确的思想认识和良好的心理状态对评价的开展起积极的促进作用,反之,则会对评价的开展起到消极的阻碍作用。因此,必须要加强对思想政治教育评价的管理和调适。

第一,加强思想政治教育评价的宣传。在思想政治教育评价过程中,评价者容易产生畏难情绪、“老好人”主义、应付、关照、从众心理等问题;受评价者容易产生厌烦、轻视、应付、攀比等问题。针对这些问题,评价工作的领导者应组织开展各种评价工作的教育宣传活动,如:召开动员会、举办专题讲座、利用各种可以使用的宣传媒介等途径,使参加评价的全体人员明确思想政治教育评价的意义和目的,从而积极配合评价工作的开展。

第二,建立目标管理系统。思想政治教育评价,需要各职能部门和人员的协同配合。通过推行目标管理,赋予相关部门和人员明确的、客观的工作目标,以促进评价效率和质量的提高。另外,通过目标管理,克服评价过程中的各种盲目性、随意性,改变思想政治教育评价中存在的软、虚等现状,使评价工作逐步实现规范化、制度化、科学化发展。

(二)大学生思想政治教育评价的基本功能

1. 导向功能

大学生思想政治教育评价是以一定的目标、需要、愿望为准绳的价值判断过程。一方面,大学生思想政治教育评价对教育者具有明显的导向作用。另一方面,大学生思想政治教育评价对受教育者(大学生)也具有明显的导向作用。大学生思想政治教育评价,无论对于教育者,还是对于受教育者,都能发挥积极、正面的影响,能够指导大学生政治教育的有效开展,使受教育者的思想政治素质朝向社会需要的目标转化,从而发挥“指挥棒”的作用。

2.调控功能

大学生思想政治教育评价通过对大学生思想政治教育的实施提供有效的借鉴和参考,对大学生思想政治教育有调控的作用。对大学生思想政治教育特点和规律的研究和探索,能够透过这些发展变化着的标准和根据,总结归纳出完善和提高大学生思想政治教育的规律和方法;能够进一步完善大学生思想政治教育领导体制和工作机制。定期开展评价工作有利于对大学生思想政治教育进行准确评判,从而使工作更具针对性和实效性。

3.考核评比功能

大学生思想政治教育评价是按照评价指标,对大学生政治的实际效果进行判定,其结果可以作为教育行政管理部门对高校或者高校对下属院(系)进行考核评比的重要依据。毕竟“种瓜得瓜,种豆得豆”。同时,根据评价结果,对大学生思想政治教育开展得好的部门和单位,给予荣誉和物质上的奖励;对大学生思想政治教育没达到要求的部门和单位,给予某种形式的惩罚。通过评价,表扬先进,鞭策后进,对于增强大学生思想政治教育的实效大有裨益。

二、大学生思想政治教育评价的主要方法

方法是完成任务的桥或船,没有科学的方法,就无法完成现

代思想政治教育评价的任务。因此，弄清现代思想政治教育评价的方法。也是必不可少的。现代思想政治教育评价有如下几种方法。

（一）调查评价法

调查评价法是通过问卷调查、访问量等综合手段对现代思想政治教育进行评价的方法。这种评价方法注重对评价对象的调查研究，是一种具有调查特色的评价方法。

1.调查法

它是指评价组通过向被调查者发放问卷，直接测试其思想政治理论水平高低、观点和立场是否正确，以此作为评价对被评价单位开展思想政治教育情况的重要依据。调查法主要是抽样调查，适用于较大范围评价对象。

2.实地考察法

这是一种较为直观、比较注重感受性的评价方法。评价者直接深入思想政治教育第一线，对思想政治教育过程和效果的诸要素、诸环节进行实际考察和调查研究，详细了解教育主客体的思想、工作、学习和生活情况，从而获得对评价对象的直观感性认识。实地考察时通常使用的方法有查阅资料法、听取汇报法、访问座谈法等，通过看、听、问等形式从不同侧面了解评价对象，获得关于评价对象的第一手材料和信息。

（二）分析和综合评价法

要对现代思想政治教育评价作出科学的判断，必须有科学的思维方法，即辩证思维的方法，其中归纳和演绎、分析和综合起着重要的作用。归纳是从个别事实出发而得出一般结论的科学思维方法；演绎则是从一般原理、原则、结论出发，得出个别结论的科学思维方法。在归纳和演绎过程中，要有分析和综合，所谓分析是在思维中从事物、现象的整体中，分解出构成事物的基础和本质的东西的思维方法；所谓综合就是在思维中把分解成的各个部分、本质、基础方面，再结合成一个整体加以研究的思维方法。

对现代思想政治教育的整体必须进行全面的辩证的分析，才能作出科学的评价。就是说，把现代思想政治教育的整体分解成各个部分，既要分析评价现代思想政治教育的目的、动机、目标设定、内容选择、实施方法，又要分析评价现代思想政治教育的效果、社会作用，教育对象的素质、思想政治道德状况、水平；既要分析现代思想政治教育取得的成绩、经验、有效性方面，又要分析现代思想政治教育出现的缺点、教训、无效性方面；既要分析评价现代思想政治教育的本质方面、主要方面，又要分析它的非本质方面和次要方面；既要从静态中分析评价现代思想政治教育，又要从动态的变化、发展中分析评价现代思想政治教育等等。在分析的基础上，再进行综合，即进行整体性的整合，形成对现代思想政治教育效果、社会作用等更高层次的整体性的认识。

（三）比较和矛盾分析评价法

1.比较评价法

比较评价法是评价现代大学生思想政治教育的重要方法。就比较对象的数量上来看，可分为单项比较和多项比较。就比较的方向上看，可分为横向比较和纵向比较。纵向比较可以打破时间空间的界限，从动态上比较，以同一事物时间先后顺序，对不同阶段过程进行比较。把实施现代思想政治教育作为一个过程，我们把实施现代思想政治教育以后取得的效果、发生的变化，同开展现代思想政治教育以前的状况作一个比较，从而对现代思想政治教育的效果作出评价。就被施加影响的个体来看，也可以把实施现代思想政治教育的前后加以对照比较，从而判断现代思想政治教育是否有效及有效的程度。这是纵向的比较。现代思想政治教育的横向比较更加复杂，这种比较，在单位的选择上必须有可比性,否则无法进行比较。在进行横向和纵向比较之后,再运用分析和综合,对现代思想政治教育的效果和社会作用进行科学的评估。就比较对象的范围宽窄看,可分为宏观比较和微观比较。前者从现代思想政治教育的总体上、全局上进行比较,后者是从局部上或某几方面进行比较。因此,比较的方法也是现代思想政治教育评价的重要方法。

2.矛盾分析评价法

在唯物辩证法看来,世界上任何事物都是矛盾的统一体。现代思想政治教育的评价也是矛盾的统一体。分析事物的矛盾,就在于具体地分析具体情况,对现代思想政治教育的评价也应该如此。

(四)自我评价与他人评价相结合的方法

现代思想政治教育自我评价,是指评价对象在现代思想政治教育过程中,特别是在教育活动告一阶段后,就自身的行为及其效果所进行的评价。如自身教育水平自评、教育者自评、受教育者自评。自我评价也表现为一种自我总结。这种总结既可以是个人,也可以是单位的,既可以是口头的,也可以是书面的。与自我评价相对应的是现代思想政治教育的他人评价,如上级对下级的检查评价,督导系统的督导评价,还有专家、同行(同事)的评价等。

(五)定性与定量分析评价法

1.定性分析评价法

在唯物辩证法看来,任何事物都是质和量的统一。质是事物的性质,是一事物区别于他事物的内在规定性;量是事物数量规定性。因此,我们可以采用定性分析方法,来对现代思想政治教育的效果进行测评,确定现代思想政治教育的质。这里的定性分析，是指要判明现代思想政治教育主体所确定的目标，通过对教育对象施加影响以后的思想政治观点在性质上、方向上是否同工作者的目标相一致进行判断。

定性分析是评价现代思想政治教育的基础，因为首要的是弄清楚现代思想政治教育对社会发展所起作用的性质，即它起进步作用还是起反动作用。不弄清这一点，就不能把不同性质、不同价值的现代思想政治教育严格区分开来。因此，定性分析是我们评价现代思想政治教育的重要方法，这种方法的优点是能确定现代思想政治教育性质规定性，它可以用落后、先进，反动、进步或好、坏来表述。但这种评价缺少数据支持，因而较难反映现代思想政治教育评价的质量，因为它对现代思想政治教育评价不够深刻，这就需要有定量分析来补充。

2.定量分析评价法

定量分析是对现代思想政治教育评价的深化和精确化，因为只评价一种现代思想政治教育的先进落后、有无价值是不够的，还必须弄清它好到什么程度，有价值到什么程度，这就需要作定量分析。现代思想政治教育的定量分析，正是从数量方面对它的成效、作用大小予以测评的。这种测评，可以用等级的数量概念来测量。如可以用优、良、中、差；很落后、落后、先进、很先进；负价值、零价值、有价值、很有价值；负效果、零效果、有效果、很有效果等等反映数量程度的概念来表达。

需要指出的是，我们应该把定性分析和定量分析结合起来，才能对现代思想政治教育予以科学的评价。因为现代思想政治教育评价的定性分析和定量分析是辩证统一的。没有定性分析，就无法把不同性质和不同效果的现代思想政治教育区别开来。因此，定性分析是前提基础。但仅有定性分析是不够的，因为现代思想政治教育的目的是转变人的思想政治等精神世界中的问题，教育对象的思想政治觉悟提高到什么程度，现代思想政治教育对社会发展起多大作用，没有对它量上的分析，则不仅认识是肤浅的，而且对如何进一步开展现代思想政治教育无法进行有效的决策。

（六）实践检验法

实践检验法是一种以总结经验和调查研究为主的方法。具体说来，有如下几个步骤。

1. 听取工作汇报

在评价的过程中，评价人员首先要听取被评价人员或单位的报告，向被评价人员和单位提出各种问题，评价对象应该根据实事求是的原则进行回答，也可以采取书面报告的方式进行汇报。

2. 实际考察

实际考察是实践检验法的重要环节和基础。评价者在评价的过程中应该深入受教育者、深入到基层工作，详细了解他们的思想、工作、生活状况。观察人们的思想政治品德和精神面貌，听取他们的意见，并且对他们进行必要的提问和考察。

3. 抽样调查

选择思想政治教育的某一个环节或者某一个部门进行详细的调查和剖析，尽可能取得必要的准确的数据。

4. 追踪调查

就是对流动的教育对象进行跟踪式的调查。调查教育对象在不同的现代思想政治教育环境中的思想政治状况。

三、大学生思想政治教育评价机制的运行

大学生思想政治教育评价是严格按照程序开展的一种活动，要使高校思想政治评价得以理性、科学地开展，就应该充分掌握

大学生思想政治教育评价机制的运行过程。

（一）制定合理的评价方案

实施大学生思想政治教育评价，必须要制定一套合理的评价方案，用以指导和调控评价实施的全过程。评价方案的制定，需要注意以下几个环节的问题。

（1）明确大学生思想政治教育评价的原因和目的，以及开展大学生思想政治教育评价的指导思想、政策依据等。

（2）设置大学生思想政治教育评价目标。如在方案制定前，必须要明确评价的目标是什么；这些目标是否发生了改变；如有变化，那么目标应该怎样调整；主次目标、主次标准如何区分；等等。在明确了这些问题后，评价方案的制定就有了依据。

（3）规定评价工作中各项具体业务的时间流程、阶段划分等，让评价者和受评者都能够做到心中有数，从而保证评价开展得扎实有序。

（4）成立评价小组，并具体分工，落实责任，明确各评价部门和人员参与、负责实施的具体评价工作。

（5）形成评价方案的书面报告，分发给全体评价人员。同时，评价工作的决策者和管理者要随着条件的变化与发展，及时修改、完善评价方案，反馈评价结果。

（二）获取有效的评价信息

大学生思想政治教育评价信息是否全面、客观、真实、准确，将直接影响评价的结果。而大学生思想政治教育评价信息按着形成和发展的时间顺序可以分为已经形成、正在形成和将要形成三种情况。因此，与之相对应，获取有效评价信息的方法有：调查法、观察法和预测法。

（三）整理科学的评价信息

尽管大学生思想政治教育评价人员获得了大量的评价信息，

然而这些资料如果不经过整理,就是分散、零乱、粗糙的,不能作为定性分析、定量分析的客观依据。因此,评价人员还要认真地对获得的信息进行审核、分类和汇总等。

(1)审核。这是一个"去伪存真,去粗取精"的过程。主要审核信息资料的以下四个方面:一是完备性,就是指检查信息资料是否有遗漏、缺陷,必要时进行补充与完善。二是真实性,是指必须以评价指标为参照,以客观实际为依据,从信息源、收集方法与技术、信息提供者动机等方面辨别真伪。三是准确性,是指对同一信息源提供的信息在一致性、稳定性等方面进行信度的考察。四是有用性,是指要根据评价指标,运用系统分析和数理统计原理进一步对信息资料进行技术加工,寻求有用的信息。

(2)分类。经过审核后的信息资料仍然是杂乱无章的,因此,思想政治教育评价人员要根据信息资料的来源、内容和形式上的异同等不同的标准,将其划分为若干个层次和类别,共同构成一个有机的整体,使评价信息的资料实现系统化、规范化。

(3)汇总。评价信息资料汇总,是指把经过审核、分类后的信息资料做统一处理,来获得反映评价对象的全部信息。信息资料汇总根据评价的需要,编制大量的相关图形、图表等,这些图形、图标的制作不要统一的格式。

(四)正确处理评价结果

为了充分发挥思想政治教育评价积极的功能,还必须要正确处理评价结果,即对评价结果进行反馈和修正。

反馈评价结果具有重要意义。首先,健全反馈系统。思想政治教育评价的结论有其特定性,因此,应成立专门的从事评价结果反馈调节的机构,这样就可以及时有效地反馈评价结果,为思想政治教育的正确决策、实施、改进和调节提供可靠保证。其次,畅通反馈渠道。评价结果的反馈全靠人来操作,因此,应建立岗位责任制,增强评价人员责任心,保证渠道通畅,提高反馈效率和质量。最后,做好疏导和激励工作。评估反馈结果必然会对评价对象造成一些影响。因此，评价对象对评价结果不满或怀疑时，应端正态度，认真核查，做好疏导工作；评价对象对评价结果产生骄傲或自满时，还必须明白评价只能说明过去的和当前的状态。

社会科学领域内的评价结果，很难通过一个评价过程就可以结束，还必须要对它进行不断地检验和适时地修正，进而确保评价结果的准确无误。检验、修正的方式主要可以采取以下几种：一是由评价者亲自进行检验和修正。评价者要反复思考，周密研究，如发现不当之处，应及时加以修正；二是由他人来检验、修正。可以通过会议、个别谈话、征求意见等方式，听取专家或与评价对象相关人员的看法；三是由评价对象来检验、修正。主要是辩证地吸取他们的意见，以客观态度来修正评价结果。

建立科学有效的思想政治教育评价机制能够对思想政治教育的成效进行准确的描述与评估，从而发现思想政治教育工作的不足，为改进思想政治教育的策略与方式提供科学的依据。思想政治教育评价是一项严密的科学论证工作，必须严格遵守评价原则，采用科学的评价方式才能达到预期的效果。

参考文献

[1]马克思恩格斯选集[C].北京:人民出版社,1995.

[2]马克思恩格斯全集[C].北京:人民出版社,1971.

[3]列宁选集[C].北京:人民出版社,1995.

[4]列宁全集[C].北京:人民出版社,1957.

[5]毛泽东选集[C].北京:人民出版社,1991.

[6]邓小平文选[C].北京:人民出版社,1993.

[7]习近平.在同各界优秀青年代表座谈时的讲话[N].人民日报,2013-05-05.

[8]李大健.多维审视与理性涵育——大学生社会主义核心价值体系教育研究[M].北京:人民出版社,2015.

[9]李红革.大学生思想政治教育思维模式研究[M].北京:中国文史出版社,2014.

[10]王爽.新媒体时代大学生思想政治教育的挑战与创新[M].北京:中国言实出版社,2014.

[11]孙绍斌.铸魂育警:大学生思想政治工作的理论与实践[M].北京:中国文史出版社,2015.

[12]张瑜.高校网络思想政治教育发展与创新研究[M].北京:人民出版社,2014.

[13]刘丽红.当代大学生思想政治教育工作探索[M].北京:中国文史出版社,2015.

[14]黄蓉生.改革开放以来大学生思想政治教育论纲[M].北京:人民出版社,2014.

[15]王有炜.高校思想政治教育新模式[M].合肥:合肥工业大学出版社,2014.

[16]谢守成，王长华. 国际化视野下大学生思想政治教育创新发展研究[M]. 北京：人民出版社，2014.

[17]范跃进. 大学生思想政治教育模式建构与实践[M]. 北京：中国文史出版社，2014.

[18]杜玉银. 高校党建理论研究与实践探究[M]. 昆明：云南大学出版社，2008.

[19]张禧，毛平，尹媛媛. 大学生思想政治教育实效性探索[M]. 成都：西南交通大学出版社，2014.

[20]陈志勇. 新媒体时代的大学生思想政治教育[M]. 北京：中国文史出版社，2014.

[21]罗洪铁，周琪. 思想政治教育学理论的形成和发展研究[M]. 北京：中国文史出版社，2014.

[22]首都师范大学思想政治教育学科. 思想政治教育：反思与构建[M]. 北京：中央编译出版社，2014.

[23]杜坤林. 冲突与重建——当代大学生道德价值观研究[M]. 上海：上海交通大学出版社，2013.

[24]刘雪峰. 高校思想政治教育与校园文化建设创新研究[M]. 哈尔滨：黑龙江大学出版社，2014.

[25]梅宪宾. 大学生心理健康教育[M]. 长春：吉林大学出版社，2011.

[26]朱国芬. 高校生态德育研究[M]. 南京：南京大学出版社，2013.

[27]廖桂芳，徐园媛. 生命与使命——大学生生命教育创新模式构建[M]. 成都：电子科技大学出版社，2012.

[28]熊建生. 思想政治教育内容结构论[M]. 北京：中国社会科学出版社，2012.

[29]黄志斌. 当代思想政治教育方法论[M]. 合肥：合肥工业大学出版社，2012.

[30]张红霞. 高校思想政治教育实效性研究——以文化多样化视角[M]. 北京：光明日报出版社，2011.

[31]陈福生，方益权，牟德刚．大学生思想政治教育新论[M]．杭州：浙江大学出版社，2008．

[32]褚海萍．大学生思想政治教育专论[M]．成都：西南交通大学出版社，2012．

[33]檀江林．高校网络思想政治教育研究[M]．安徽：合肥工业大学出版社，2007．

[34]武东生．马克思主义理论关于思想政治教育本质的基本观念[J]．教学与研究，2014(2)．

[35]丁林，邓良基．高校思想政治教育工作内部评估探析[J]．中国高等教育，2010(5)．

[36]肖通，占奕瑜．“中国梦”教育融入高校思想政治教育的路径分析[J]．长春理工大学学报(社会科学版)，2014(2)．

[37]张宇晴．“中国梦”引领下的高校思想政治教育探究[J]．教育探索，2013(3)．

[38]白云华．把中国梦融入大学生思想政治教育[J]．中共山西省委党校学报，2013(5)．

[39]王景尧．论大学生思想政治教育的目标定位[J]．华中农业大学学报(社会科学版)，2006(2)．

[40]于坤．论大学生思想政治教育的时代特征[J]．山东省青年管理干部学院学报，2006(6)．